トラブルを未然に防ぐ！

改訂2版

労務管理の
最強チェックリスト

エキップ社会保険労務士法人
代表社員・特定社会保険労務士
濱田京子
Hamada Kyoko

アニモ出版

は じ め に

あなたの会社の問題点を洗い出してみよう！

　毎年、厚生労働省が公表している個別労働紛争解決制度の実施状況によると、平成30年度の総合労働相談件数は111万7,983件で、11年連続で100万件を超えて高止まりの傾向にある状況です。

　この数字は、全国の労働局や労働基準監督署に設置されている総合労働相談コーナーに寄せられる相談件数、助言指導申出件数、あっせん申請件数の合計ですが、実際に世の中で発生している労務トラブルはこの何十倍にもなっていることが推測されます。

　実際にトラブルに発展してしまうと、経営者や人事労務担当者の労力と経済的負担は大きなものとなってしまうため、**可能な限りトラブルを未然に防ぐ**ことが重要です。

　本書では、労務トラブルを未然に防ぐために必要な基本的事項を、経営者や人事労務担当者が手軽に確認できるように**事象別にチェックリスト形式**にしてみました。

　社内で初めて発生したことに対応するために、まず何をどのように確認すればよいかがわからない、という場合に、最初に簡単に確認していただける内容になっています。

　まずは、それぞれの事象別チェックリストの**□欄すべてにチェックがつけば安心**ですので、一つひとつチェックリストを確認して、□欄にチェックを入れてみてください。

　労務管理に関する注意事項を労働法令の解説書から確認するためには、じっくり読み込まないと理解することはできません。

　本書では、忙しい経営者や人事労務担当者が手軽にポイントを押さえるために利用することを想定して、ポイントとなる事項をチェックリスト形式でまとめており、重要な事項だけにしぼって、わか

りやすく解説しています。

　法律単位や法律の条文単位でチェックリスト化しているわけではなく、**労務管理をするうえで必要となる情報を横断的にまとめている**ので、注意すべきポイントが見開き2ページで確認できるようになっています。

　また、各章の最初には「チェックを始める前に…」というイントロダクションも付いていますので、各事象の全体像や流れなどを理解していただくことが可能です。

　私は、事務所の顧問先企業からご相談を受けること以外にも、2018年からお引き受けしている東京労働局のあっせん委員の仕事でも、多くの労務トラブルの現場に立ち会う経験をしています。

　あっせんの場で直接、労働者の方からの申請内容をうかがうと、会社が事前に説明していないことがトラブルの原因の一つとなっていることがとても多いと感じています。

　「聞いていなかった」「知らなかった」という前に、そもそもちゃんと話ができていないことが多いですし、「○○と聞いていたけれど、実際には違っていた」などの誤解も多く発生しています。

　労使双方にとって曖昧にしていたほうがうまくいく、ということはないので、会社は**確実な労働条件通知書や労働契約書**を取り交わし、特に中途採用の場合は、求める職務や役割についても書面で明示することで、良好な関係を構築することが可能になると、考えていただければと思います。

　人生100年時代になり、働く期間は長くなりますが、それと同時に働き方が多様化してきました。

　働き方の多様化は、ライフスタイルの多様化でもあり、会社が一定の価値観を押しつけるマネジメントでは継続できない時代になりました。

　労使双方にとって良好な関係となるために会社に求められること

は、**法律を守り、継続して労務提供ができる環境を整備する**こととなるでしょう。人手不足で人材確保が難しくなってきたことも踏まえて、職場環境の構築を継続することの重要性は高まり続けることに間違いはありません。

　なお、本書は2014年10月に初版を発刊しましたが、その後の法改正だけではなく、2019年4月1日を皮切りに**「働き方改革」**による改正事項も続々と施行されていますので、それらも反映させて改訂2版として発刊するものです。

　「いまは社員とのトラブルは何もないから大丈夫」と信じている経営者の方も、まずは御社の就業規則を片手にチェックしてみてください。
　確実な労務管理をしていることで、経営者は安心して本業に専念できますし、働く人も安心して働くことができるので、本書によって労務管理の総点検を行なうことをお勧めします。

　2019年7月　　　　　　　　　　エキップ社会保険労務士法人代表社員
　　　　　　　　　　　　　　　　特定社会保険労務士　濱田　京子

本書の内容は、2019年7月20日現在の法令等にもとづいています。

トラブルを未然に防ぐ！
労務管理の最強チェックリスト【改訂2版】

はじめに

1章 働き方改革による改正・変更ポイント

イントロ チェックを始める前に… ─────────── 14
働き方改革による主な改正点・変更点のポイント

☑ **1-1** ─────────────────────── 16
労働時間の上限規制チェック

☑ **1-2** ─────────────────────── 18
時間外・休日労働に関する協定（３６協定）の締結チェック

☑ **1-3** ─────────────────────── 20
３６協定の特別条項締結チェック

☑ **1-4** ─────────────────────── 22
会社に求められる労働時間の適正把握に関するチェック

☑ **1-5** ─────────────────────── 24
年5日以上の年休を確実に取得するためのチェック

☑ **1-6** ─────────────────────── 26
年休の前倒し付与に関する特例チェック

☑ **1-7** ─────────────────────── 28
改正されたフレックスタイム制に関するチェック

☑ **1-8** ─────────────────────── 30
高度プロフェッショナル制度を導入するためのチェック

CONTENTS

☑ **1-9** —————————————————————— 32
医師の面接指導が必要な労働者に関するチェック

☑ **1-10** —————————————————————— 34
健康情報等の取扱規程で定めなければならない項目をチェック

☑ **1-11** —————————————————————— 36
勤務間インターバル制度で実施すべきことをチェック

☑ **1-12** —————————————————————— 38
同一労働・同一賃金に関する対応をチェック

知っトクCOLUMN 働き方改革とは？ 40

2章 労働時間管理のポイント

イントロ チェックを始める前に… —————————————— 42
労働時間制はどの制度を適用したらいいの？

☑ **2-1** —————————————————————— 44
始業時刻と終業時刻に関するチェック

☑ **2-2** —————————————————————— 46
深夜労働の取扱いチェック

☑ **2-3** —————————————————————— 48
管理監督者に関する取扱いチェック

☑ **2-4** —————————————————————— 50
出張の取扱いチェック

☑ **2-5** —————————————————————— 52
1か月単位の変形労働時間制の運用チェック

☑ **2-6** —————————————————————— 54
1年単位の変形労働時間制の運用チェック

☑ **2-7** —————————————————————— 56
1週間単位の非定型的変形労働時間制の運用チェック

☑ **2-8** ——————————————————— 58
1か月以内のフレックスタイム制の運用チェック

☑ **2-9** ——————————————————— 60
専門業務型裁量労働制の運用チェック

☑ **2-10** —————————————————— 62
企画業務型裁量労働制の運用チェック

☑ **2-11** —————————————————— 64
事業場外みなし労働時間制の運用チェック

知っトクCOLUMN どのように労働時間を管理するかが最も重要 66

3章 採用・入社手続き時のポイント

イントロ チェックを始める前に… ——————————— 68
求人から採用までに会社が行なうことは?

☑ **3-1** ——————————————————— 70
募集要領に関するチェック

☑ **3-2** ——————————————————— 72
採用面接に関するチェック

☑ **3-3** ——————————————————— 74
内定の取扱いチェック

☑ **3-4** ——————————————————— 76
新規採用時の準備内容チェック

☑ **3-5** ——————————————————— 78
試用期間と本採用拒否に関するチェック

知っトクCOLUMN 目に見えない採用費用に注意を! 80

4章 退職手続きのポイント

イントロ チェックを始める前に… ——————————————— 82
労働契約の終了にはいろいろな種類がある

☑ **4-1** ———————————————————————————— 84
退職に関するチェック

☑ **4-2** ———————————————————————————— 86
雇止めに関するチェック

☑ **4-3** ———————————————————————————— 88
解雇に関するチェック

☑ **4-4** ———————————————————————————— 90
普通解雇の要件チェック

☑ **4-5** ———————————————————————————— 92
整理解雇の要件チェック

☑ **4-6** ———————————————————————————— 94
懲戒解雇の要件チェック

☑ **4-7** ———————————————————————————— 96
退職勧奨の運用チェック

☑ **4-8** ———————————————————————————— 98
定年退職と継続雇用に関する取扱いチェック

知っトクCOLUMN 退職の次にあるキャリア　100

5章 就業規則、労働契約書の作成ポイント

イントロ チェックを始める前に… ——————————————— 102
労働契約や労使協定を結ぶ際に重要となるものは？

☑️ 5-1 ——————————————— 104
就業規則の作成・届出・周知に関するチェック

☑️ 5-2 ——————————————— 106
労働契約締結に関するチェック

☑️ 5-3 ——————————————— 108
パートタイム、有期雇用労働者の労働契約締結に関するチェック

☑️ 5-4 ——————————————— 110
定年と継続雇用（再雇用）の労働契約チェック

☑️ 5-5 ——————————————— 112
労基署への届出義務がある労使協定等チェック

☑️ 5-6 ——————————————— 114
労基署への届出義務がない労使協定チェック

知っトクCOLUMN 労働条件の明示は書面以外でも可能に　116

6章 休日・休暇、休業・休職の取扱いポイント

イントロ チェックを始める前に… ——————————————— 118
休日・休暇、休業・休職の言葉の定義

☑️ 6-1 ——————————————— 120
休日の設定チェック

☑️ 6-2 ——————————————— 122
振替休日と代休の取扱いチェック

☑️ 6-3 ——————————————— 124
年次有給休暇の設定チェック

☑️ 6-4 ——————————————— 126
年次有給休暇の計画的付与の運用チェック

☑️ 6-5 ——————————————— 128
年休権の消滅・買上げに関するチェック

☑️ **6-6** ——————————————— 130
パート・契約社員の年休付与に関するチェック

☑️ **6-7** ——————————————— 132
半日年休と時間単位年休の運用チェック

☑️ **6-8** ——————————————— 134
年休以外のいろいろな休暇の取扱いチェック

☑️ **6-9** ——————————————— 136
法的に与えなければならない休業チェック

☑️ **6-10** ——————————————— 138
休職に関する基本ルール　チェック

☑️ **6-11** ——————————————— 140
私傷病休職に関する規定チェック

☑️ **6-12** ——————————————— 142
休職期間と休職期間中の取扱いに関する規定チェック

☑️ **6-13** ——————————————— 144
繰り返される休職の対策チェック

☑️ **6-14** ——————————————— 146
休職後の復職に関する規定チェック

知っトクCOLUMN フレックスタイム制でも、
半日有休や時間単位有休は必要？　148

7章 社内ルールに関する対応ポイント

イントロ チェックを始める前に… ——————————————— 150
人事権の行使も服務規律も一定のルールが必要

☑️ **7-1** ——————————————— 152
人事異動・辞令に関するチェック

☑ 7-2 ──────────────── 154
出向と転籍の取扱いチェック

☑ 7-3 ──────────────── 156
昇進・昇格・降格の取扱いチェック

☑ 7-4 ──────────────── 158
海外赴任と海外出張の取扱いチェック

☑ 7-5 ──────────────── 160
服務規律に含めておきたい項目チェック

☑ 7-6 ──────────────── 162
出勤不良時の対策チェック

☑ 7-7 ──────────────── 164
能力不足社員の対策チェック

☑ 7-8 ──────────────── 166
セクハラ対策として事業主が講ずるべき項目チェック

☑ 7-9 ──────────────── 168
パワハラ対策として事業主が講ずるべき項目チェック

☑ 7-10 ──────────────── 170
マタハラ対策として事業主が講ずるべき項目チェック

☑ 7-11 ──────────────── 172
ハラスメントの相談に対する適切な対応チェック

☑ 7-12 ──────────────── 174
相談窓口担当者が言ってはいけない言葉・態度チェック

☑ 7-13 ──────────────── 176
情報管理のルールに関するチェック

☑ 7-14 ──────────────── 178
健康診断に関するチェック

☑ 7-15 ──────────────── 180
就業禁止の取扱いチェック

知っトクCOLUMN 組織再編による労働契約の承継について 182

8章 産前産後休業・育児休業・介護休業の運用ポイント

イントロ チェックを始める前に… ――――――――――――― 184
妊娠してからの労働法・社会保険の取扱いは？

☑ 8-1 ――――――――――――――――――――――― 186
産前産後から育児休業までの手続きチェック

☑ 8-2 ――――――――――――――――――――――― 188
育児休業の対象者と関連規定チェック

☑ 8-3 ――――――――――――――――――――――― 190
介護休業の手続きチェック

☑ 8-4 ――――――――――――――――――――――― 192
介護休業の対象者と関連規定チェック

知っトクCOLUMN 育児休業にまつわる確認事項 194

さくいん 195

おわりに 198

カバーデザイン◎水野敬一
本文ＤＴＰ＆図版＆イラスト◎伊藤加寿美（一企画）

1章

働き方改革による
改正・変更ポイント

働き方改革は
しっかり理解して
おきましょうね。

> **イントロ** チェックを始める前に…

働き方改革による
主な改正点・変更点のポイント

1 労働時間法制の見直し（2019年4月1日～）

①残業時間の上限時間が法律で規制されました（中小企業は2020年4月1日から）。

【原則】1か月45時間、1年360時間
【特例】1年720時間（時間外労働のみ）
　　　　1か月100時間未満（時間外労働＋休日労働）
　　　　平均80時間以内（時間外労働＋休日労働）

②年5日間の年次有給休暇の取得が企業に義務づけられました。
③働くすべての人の**労働時間を客観的に把握する**ことが企業に義務づけられました。
④**勤務間インターバル制度**が新設されました（任意）。
⑤フレックスタイム制の**清算期間**が1か月から3か月以内まで拡充されました。
⑥**高度プロフェッショナル制度**が創設されました。
⑦産業医・産業保健機能が強化されました。
⑧月60時間超の時間外労働手当の割増率が、**中小企業も50％**になります（2023年4月1日から）。

2 雇用形態に関わらない公正な待遇の確保
　（2020年4月1日～）

①不合理な待遇差の禁止

　同一企業内において、正社員と非正規社員の間で、基本給や賞与などの処遇について、不合理な待遇差を設けることが禁止されます。

　対象法令は、「パートタイム・有期雇用労働法」で、あくまでも裁判の際に判断基準となる「**均衡待遇規定**」「**均等待遇規定**」が法律として整備されることになります。なお、従来の「パートタイム

労働法」は、「有期雇用労働者」も対象となる法律となるため、名称は「パートタイム・有期雇用労働法」となります。

　また、具体的にどのような待遇差が不合理にあたるかという点を明確にするために、「ガイドライン」（指針）が策定されました。

　さらに、派遣労働者についても、派遣労働者と派遣先労働者との間で均衡・均等待遇の対応をするか、一定の要件を満たす労使協定によって待遇を整備することのいずれかが義務化されます。

　こちらについても、「ガイドライン」（指針）が策定されました。

　以上のことをまとめると、下図のようになります。

【改正前→改正後】 ○：規定あり　△：配慮規定　×：規定なし　◎：明確化

	パート	有　期	派　遣
均衡待遇規定	○ → ◎	○ → ◎	△ → ○＋労使協定
均等待遇規定	○ → ○	× → ○	× → ○＋労使協定
ガイドライン（指針）	× → ○	× → ○	× → ○

②労働者に対する待遇に関する説明義務の強化

　下図に示したように、いろいろなケースで説明義務が規定化されています。

【改正前→改正後】 ○：説明義務の規定あり　×：説明義務の規定なし

	パート	有期	派遣
雇用管理上の措置の内容（雇入れ時）	○ → ○	× → ○	○ → ○
待遇決定に際しての考慮事項（求めがあった場合）	○ → ○	× → ○	○ → ○
待遇差の内容・理由（求めがあった場合）	× → ○	× → ○	× → ○
不利益取扱いの禁止	× → ○	× → ○	× → ○

✓1-1

労働時間の上限規制チェック

☐ 2019年４月１日以降を起算日とした３６協定から、時間外労働時間の上限は、原則として月45時間、年360時間とする

☐ 臨時的な特別な事情があり、労使が合意する場合であっても、次の時間は超えることはできない（特別条項）

【時間外労働】●年720時間以内

【時間外労働＋休日労働】●２か月ないし６か月のそれぞれの平均が月80時間以下　●月100時間未満

☐ 月45時間を超えることができるのは年間６回までのみ
＝月45時間までに抑えなければならない月が年間６回

☐ 上限規制の適用が猶予・除外となる事業・業種

【建設事業】2024年３月31日までは上限規制の適用なし。2024年４月１日以降は、災害の復旧・復興の事業を除き上限規制はすべて適用、災害の復旧・復興の事業は月100時間未満、平均80時間以内は適用されない。

【自動車運転の業務】2024年３月31日までは上限規制の適用なし。2024年４月１日以降は、特別条項締結時に年960時間。月100時間未満、平均80時間以内は適用されない。月45時間を超えることが年６か月までという規制は適用なし。

【新技術・新商品等の研究開発業務】適用除外。ただし、時間外労働と休日労働の合計が月100時間超の場合、医師による面接指導を義務づけ。

【医師】2024年３月31日までは上限規制の適用なし。2024年４月１日以降は、今後決まる予定。

【鹿児島県および沖縄県における砂糖製造業】2024年３月31日までは月100時間未満、平均80時間以内は適用されない。2024年４月１日以降は上限規制のすべてが適用。

📖 必須知識

　2018年6月に成立した働き方改革関連法による労働基準法の改正前までは、労働時間の上限は「告示」で示されていただけでしたが、この改正により法律に規定されることになりました。

　「告示」とは、厚生労働大臣が一定の基準（指針）を定めなければならないような規定がある場合に、大事なお知らせの一つとして示されるものです。

　つまり、大臣からのお知らせとしての規制だったものが、国会で制定される法律へと格上げされたということです。

　また、法改正前までは労働時間の上限として、時間外労働時間のみが対象とされていました。しかし今回の改正により、休日労働を含めた労働時間の上限も規制がされている点が大きく異なる点です。

　それまでは「所定労働時間」を超える時間を管理していた会社も、今後は、労基法で定められた時間外労働時間および休日労働時間を確実に把握する必要があります。

（注）　中小企業については、左ページのチェック項目はすべて2020年4月1日以降を起算日とした３６協定の締結から適用となります。

✓1-2
時間外・休日労働に関する協定(36協定)の締結チェック

- [ ] 時間外労働が少しでもある場合は、必ず36協定を締結し、労働基準監督署への届出をしている
- [ ] 事業場単位で締結・届出をしている
- [ ] 36協定の締結・届出だけでなく、就業規則・労働協約などの労働契約において時間外・休日労働を命ずることがあることを規定している
- [ ] 使用者側の締結当事者は、会社の代表者もしくは代表者から権限委譲されている事業場の代表者である
- [ ] 労働者側の締結当事者は、労働者の過半数で組織する労働組合があるときはその労働組合で、組合がない場合は労働者の過半数代表者である
- [ ] 労働者の過半数をカウントする際の分母となる労働者には、管理監督者、パートタイマー、アルバイト、休職者も含んでいる
- [ ] 過半数代表者は、管理監督者ではない
- [ ] 過半数代表者を会社側が指名するようなことはせず、民主的な方法により選出している
- [ ] 誰が過半数代表者であるかを、すべての労働者が知っている
- [ ] 時間外・休日労働をさせる必要がある具体的事由が通常業務ではなく、臨時に発生する内容となっている
- [ ] 対象となる労働者数には正社員だけではなく、時間外・休日労働が想定される労働者すべてを含んだ人数を記入している
- [ ] 延長時間の限度（右ページ表）を超えない時間で協定している
- [ ] 36協定の有効期限は1年とし、毎年、有効期限が切れる前に締結・届出をしている
- [ ] 36協定を事業場に備え付けるなど、労働者に周知している

📖 必須知識

　法定労働時間を超えて**時間外労働・休日労働**をさせるためには、労働者の過半数代表者と協定し、労働基準監督署に届出をしなければなりません。これは、労働基準法第36条にもとづくことから、「３６（サブロク）協定」と呼ばれています。

　労働時間の上限が法律で定められたので、上限内の時間で３６協定を締結し、届出が必要となります。

【労働時間の上限】

	改　正　前	改　正　後
根拠	厚生労働大臣による限定基準告示	労働基準法第36条
上限基準	１週間　…　15時間 ２週間　…　27時間 ４週間　…　43時間 １か月　…　45時間 ２か月　…　81時間 ３か月　…　120時間 １年間　…　360時間	【原則】 １か月　……………　45時間（＊１） １年間　……………　360時間（＊１） 【特別条項】 １か月　……………　100時間（＊２） ２〜６か月平均　…　80時間未満（＊２） １年　………………　720時間
罰則	なし	あり

（＊１）１年単位の変形労働時間制の場合、上限は次のとおりです。
　　　１か月：42時間、１年：320時間
（＊２）100時間、80時間未満には、休日労働時間も含みます。

√1-3

３６協定の特別条項締結チェック

- [ ] 通常予見することができない業務量の大幅な増加等に伴い、臨時的に限度時間を超えて労働させる場合に限っている
- [ ] 特別条項の発動は１年に６回までとする
- [ ] １か月の残業時間の上限は、時間外労働と休日労働時間の合計で最長100時間未満である
- [ ] １年に延長できる時間外労働時間は、最長720時間を超えない範囲である
- [ ] ２～６か月それぞれの時間外労働と休日労働時間の平均時間は80時間以内である
- [ ] 特別条項を使う際の手続きの時期、内容、相手方などの運用方法も書面で定めており、特別の事情が生じるたびに、所定の手続きを経て行なっている
- [ ] 労使間でとられた所定の手続きの時期、内容、相手方などを書面等で明らかにしている
- [ ] 限度基準を超える時間については、２割５分を超える割増率である（努力義務のため、２割５分のままでもよい。ただし、月60時間まで。60時間超は５割増）
- [ ] 特別条項による延長時間の上限はないが、健康配慮の観点から月80時間（目安）は超えない程度の時間としている
- [ ] ３６協定の特別条項で定めた上限を超えないように管理部門でチェックし、上限を超える前に対象者の上長に注意を促している

📖 必須知識

　労働基準法の改正により、**特別条項**について締結したい場合は、３６協定にプラスして別の用紙で締結することが必要となりました。
　したがって、特別条項の締結をしたい場合は、通常の３６協定と２枚セットで届出が必要となります。

【特別条項で締結することが必要な事項】
①臨時的に限度時間を超えて労働させることができる事由
　（「業務上やむを得ない場合」などの恒常的な長時間労働を招く恐れがあるものは認められません。トラブル対応、クレーム対応などの突発的なことなどが事由として例示されています）
②限度時間を超えて労働させる場合における手続き
③限度時間を超える特別延長時間
④限度時間を超えて労働させることができる回数（６回まで）
⑤延長することができる時間数（１か月、１年）
⑥限度時間を超える時間外労働にかかる割増賃金率
⑦限度時間を超えて労働させる労働者に対する健康および福祉を確保するための措置

【罰則の対象となる最長労働時間】
- 坑内労働その他健康上、特に有害な業務（労基法施行規則18条）
　　　　　　　　　　　　　　　　　　　⇒１日２時間
- １か月の時間外労働（休日労働を含む）　⇒100時間未満
- ２か月、３か月、４か月、５か月、６か月のそれぞれの時間外労働の平均時間（休日労働を含む）　⇒80時間以内

（注）　最大限度時間を超えて労働させた場合は、罰則（６か月以下の懲役または30万円以下の罰金）の対象となります。

✓1-4
会社に求められる 労働時間の適正把握に関するチェック

☐ 労働者がいかなる時間帯にどの程度の時間、労務を提供し得る 状況にあったかを把握している

☐ 労働時間を把握する方法は、タイムカード、パーソナルコンピュータ等の電子計算機の使用時間の記録等の客観的な方法、その他の適切な方法で行なっている

☐ 管理監督者、裁量労働時間制の対象者も含めてすべての従業員を対象としている

☐ やむを得ず客観的な方法により把握が難しく、自己申告制とする場合は、次の措置を講じている

　①適正に自己申告を行なうことなどの十分な説明をすること

　②労働時間の状況を管理する者に対する十分な説明をすること

　③必要に応じて実態調査を実施し、補正をすること

　④自己申告された労働時間の状況について、その報告が適正に行なわれているかを確認すること

　⑤自己申告できる労働時間の上限を設けたり、上限を超える申告を認めないなどの適正な申告を阻害する措置を講じていない

☐ 出勤簿（紙媒体もしくはデジタル媒体）の保存は、３年間としている

POINT

　客観的な方法により把握し難い場合は、労働者の自己申告による把握が考えられます。その場合に講じなければならない措置は、通達で示されています（「労働者の自己申告に関する通達」平30.12.28 基発1228第16号）。

必須知識

労働安全衛生法の改正により、長時間労働発生時の医師による面接指導制度が強化され、その結果、いままで以上に労働時間を客観的な方法その他の適切な方法で正確に把握しなければならなくなりました。

また、労働安全衛生法の改正前までは労働時間の適正把握の対象外となっていた管理監督者、裁量労働時間制の従業員についても管理が必要となりました。

以前より使用者には、労働者の労働時間を把握しなければならない義務があり、そのために講ずべき措置に関する基準が通達として出ています（「労働時間の適正な把握のために使用者が講ずべき措置に関する基準」平13.4.6基発339／平15.5.23基発0523004）。

また、左ページのＰＯＩＮＴで示した通達では、「やむを得ず客観的な方法により把握が難しい場合」がどのようなものなのか、次のように例示されています。

①労働者が事業場外に直行または直帰する場合など、事業者の現認を含め、労働時間の状況を客観的に把握する手段がない場合があり、この場合に該当するかは当該労働者の働き方の実態や法の趣旨を踏まえ、適切な方法を個別に判断すること。

②事業場外から社内システムにアクセスすることが可能であり、客観的な方法による労働時間の状況を把握できる場合もあるため、直行または直帰であることのみを理由として、自己申告とすることは認められない。

③タイムカードによる出退勤時刻や入退室時刻の記録やＰＣの使用時間の記録等のデータを有する場合や事業者の現認により労働時間を把握できる場合にも関わらず、自己申告による把握のみは認められない。

✓1-5

年５日以上の年休を
確実に取得するためのチェック

☐ 2019年４月１日以降に付与した年次有給休暇（年休）は、付与から１年以内に５日以上の取得が必要であるとしている

☐ 対象者は付与日数が10日以上の従業員すべてとしている

☐ ５日取得のカウントに時間単位の年休は含めていない（半日単位の年休は含めてもよい）

☐ パートや有期雇用者であっても、付与される年休が10日以上であれば、雇用区分に関わらず対象者としている

☐ 年休を取得しない従業員に対して、時季指定権を行使するときには、労働者から意見聴収を行ない、意見を尊重して取得日を決定している

☐ 就業規則で時季指定権を行使することがあることを規定している

☐ 年休の取得状況を把握するために年休管理簿を作成し、３年間保存している

☐ 年休管理簿には、次の３つの情報を網羅している
　①時　季 → 年休を取得した日
　②日　数 → 付与日から１年間のうちに取得した年休の日数
　③基準日 → 年休を付与した日

必須知識

労働基準法の改正により、年次有給休暇の取得パターンは次のとおり追加されました。

	年次有給休暇の取得パターン
改正前	①労働者が取得時季を指定 ②年休の計画的付与の規定にもとづき、労使協定により取得時季を指定
改正後（追加）	③使用者が取得時季を指定

法改正により追加された③の対象者は、年休の付与日数が10日以上の従業員です。また、①労働者の時季指定、②計画的付与により時季指定された場合は、取得義務の5日から差し引いた日数を時季指定することになります。そして、①、②により指定された日数が5日以上に達したときは、時季指定義務はなくなる、という流れです。

なお、この改正では（労基法第39条7項）、違反した場合は30万円以下の罰金という罰則付きです。

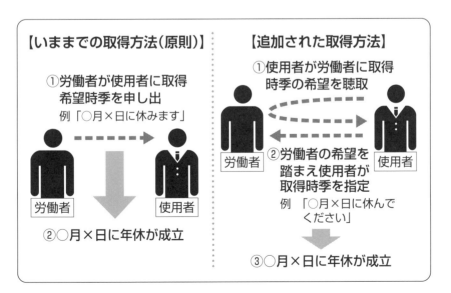

✓1-6
年休の前倒し付与に関する特例チェック

- [ ] 年休を前倒しで付与する場合は、法定以上の付与時期、付与日数としている
- [ ] どのようなケースでも法定以上の付与日、付与時期となる制度となるようにしている
- [ ] 入社年とその翌年とで年休の付与日が異なることにより、時季指定義務の履行期間が重複している場合、原則はそれぞれの期間で5日ずつの取得が必要としている
- [ ] 特例として、1年目の付与日から2年目の終了期間までで比例按分して5日以上の取得でも可能としている

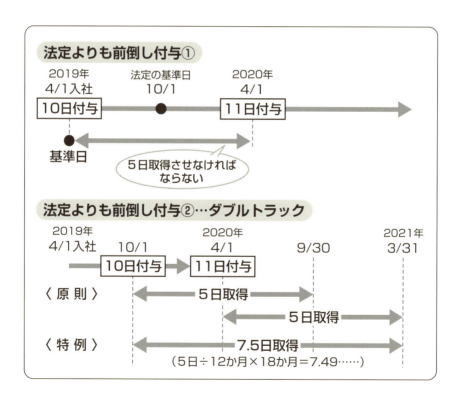

📖 必須知識

　年休は、法定では雇入れ時から6か月継続勤務し、全労働日の8割以上出勤した者に対して、付与することが義務づけられています。

　したがって、この法定どおりの運用をする場合は、結果的に入社月に応じて付与時期がバラバラとなり、付与日から1年間の取得状況を確実に管理することがとても煩雑になります。

　また、今回の法改正によりそれまで以上に、年に5日以上取得させるために管理をする必要性が高まり、付与日数、消滅日数を一括管理することが考えられます。

　法定以上の制度として、全社員一律の期日に前倒しで付与し、付与日を統一化する企業（特に大企業）が多いですが、この付与日の統一をしていると、入社から2年間以内に起算日が2つ発生するというようなケースが出てくるため、入社から2年間は別管理が必要となります。

　左ページの図で示した以外のパターンとして、法定で付与する10日のうち、一部を法定の基準日より前倒しで付与する制度としている場合は、下図のような取扱いとなります。

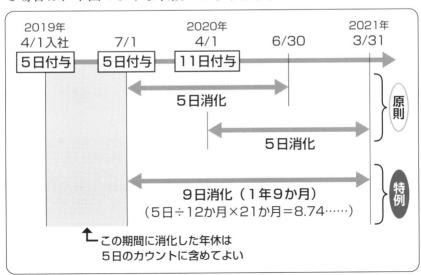

✓1-7
改正されたフレックスタイム制に関するチェック

- □ 労働時間の清算期間は、3か月まで可能としている
- □ 所定労働時間は清算期間を平均して週40時間以内としている
- □ 清算期間が1か月超・3か月以内の場合、1か月ごとに週平均50時間超の労働時間は毎月、割増賃金支払いの対象としている
- □ 清算期間の最終月に清算期間全体の法定労働時間を超えて労働した割増賃金をまとめて支払うことにしている（各月の50時間超としてすでに支払っている分は除く）
- □ 就業規則で清算期間が1か月超・3か月以内であることを規定している
- □ フレックスタイム制に関する労使協定を締結し、労働基準監督署へ届け出ている
- □ フレックスタイム制であっても、時間外労働時間の上限規制の適用は同じとしている

📖 必須知識

　フレックスタイム制の清算期間は、労基法改正前の1か月という制限に加えて、**3か月以内まで設ける**ことができるようになりました。ただし、労使協定の締結が必要となり、違反すると30万円以下の罰金という罰則付きです。

　もともとフレックスタイム制は、労働者に始業時刻と終業時刻を委ねることにより、生活と仕事の調和を図ることができると考える制度ですが、子育てや介護などの生活上のニーズに合わせて柔軟な働き方を実現するために、清算期間が3か月まで拡充されました。

▶完全週休2日制の特例

　曜日めぐりの関係で、1日8時間・週休2日であっても、1か月の所定労働時間が法定労働時間の総枠を超えてしまう場合があります。

　そこで、今回の労基法改正により、完全週休2日であれば、「**所定労働日数×8時間」を法定労働時間の総枠にできる**ことが明確になりました。フレックスタイム制の労使協定において、清算期間の所定労働日数に8時間を乗じた時間を所定労働時間の上限と定めることで可能となります。

　具体的にはどのようなケースかというと、たとえば暦日が31日の月の法定労働時間は177.1時間ですが、その月の所定労働日数が左のカレンダーのように23日の場合、「23日×8時間＝184時間」まで法定労働時間とすることが可能ということです。

月	火	水	木	金	土	日
		①	②	③	4	5
⑥	⑦	⑧	⑨	⑩	11	12
⑬	⑭	⑮	⑯	⑰	18	19
⑳	㉑	㉒	㉓	㉔	25	26
㉗	㉘	㉙	㉚	㉛		

　このように、暦日31日の月で、土日休みの完全週休2日制の場合でも、曜日めぐりの関係で所定労働日が23日となる場合があるので、この特例が設けられました。

✓1-8
高度プロフェッショナル制度を
導入するためのチェック

☐ 対象者は、一定の高度専門職の労働者に限る

☐ 本人が高度プロフェッショナル制度により自由な働き方をしたいと希望する場合のみ適用する

☐ 年収が労働者の平均給与の３倍（1,075万円）を相当程度上回る水準の人を対象とする

☐ 労使委員会を設置して、５分の４以上の多数で決議され、書面による本人の同意を得るという社内手続きをしている

☐ 年間104日以上かつ４週４日の休日を確保するほか、インターバル制度、在社時間等の上限設定、年に２週間連続の休暇取得、臨時の健康診断を実施するなどの健康確保措置を講じている

☐ 以下の業務に従事する人が対象であり、使用者から具体的な指示を受けて行なうものではない業務である

　①金融工学等の知識を用いて行なう金融商品の開発の業務

　②資産運用（指図を含む、以下同じ）の業務または有価証券の売買その他の取引の業務のうち、投資判断にもとづく資産運用として行なう有価証券の売買その他の取引の業務または投資判断にもとづき自己の計算において行なう有価証券の売買その他の取引の業務

　③有価証券市場における相場等の動向または有価証券の価値等の分析、評価またはこれにもとづく投資に関する助言の業務

　④顧客の事業の運営に関する重要な事項についての調査または分析およびこれにもとづく当該事項に関する考案または助言の業務

　⑤新たな技術、商品または役務の研究開発の業務

📖 必須知識

　高度プロフェッショナル制度は、文字どおり高度の専門的知識を有し、職務の範囲が明確で一定の年収要件を満たす労働者に対して、労使委員会の決議および労働者本人の同意を前提として、労基法に定められた労働時間、休憩、休日および深夜の割増賃金に関する規定を適用しない制度です。

▶労使委員会での決議事項

①対象業務
②対象労働者の範囲
- 職務が明確に定める「職務記述書」により合意していること
- 年収が1,075万円以上であること

③健康管理時間の把握

　健康管理時間（対象労働者が事業場内にいた時間と事業場外で労働した時間の合計）を客観的な方法により把握しなければならない（やむを得ない場合に限り自己申告によることも可能）。

④休日の確保

　年間104日以上かつ4週に4日以上の休日を与えなければならない。

⑤選択的措置

　勤務間インターバルと深夜業の回数制限の、健康管理時間の上限措置、連続2週間の休日付与、臨時の健康診断などをいう。

⑥健康管理時間の状況に応じた健康・福祉確保措置

　次のいずれかから1つは実施しなければならない。
- 上記⑤のいずれかの措置（⑤において決議で定めたもの以外）
- 医師による面接指導
- 代償休日または特別な休暇の付与
- 心とからだの健康問題についての相談窓口の設置
- 適切な部署への配置転換
- 産業医等による助言指導または保健指導

✓1-9
医師の面接指導が必要な労働者に関するチェック

☐ 新技術・新商品または研究開発業務に従事する労働者で、週40時間を超える労働時間が月100時間を超える場合に面接指導は必須

☐ 高度プロフェッショナル制度の対象労働者で、週40時間を超える労働時間が月100時間を超える場合に面接指導は必須

☐ 時間外労働が月80時間を超えた労働者から申し出があった場合は、医師の面接指導をしなければならない

【面接指導を実施する手順】

| 拡充 | 事業者がすべての労働者の労働時間を把握 |

| 拡充 | 事業者が産業医に、残業時間が月80時間超の労働者の情報を提供 |

産業医が情報をもとに労働者に面接指導の申し出を勧奨

| 拡充 | 残業時間が月80時間超の労働者が事業者に面接指導の申し出 |

事業者が医師による面接指導を実施

必須知識

新技術・新商品または研究開発業務に従事する労働者と、高度プロフェッショナル制度の適用を受ける対象労働者については、本人の申し出の有無にかかわらず、**時間外労働が月100時間超であれば**、医師による面接指導が必要となります。また、それ以外の労働者については、**時間外労働が月80時間超で本人から申し出があれば**、医師による面接指導をしなければなりません。

ここでいう「時間外労働」は、週40時間を超える時間をすべて含むため、休日労働時間も含まれます。また、週44時間までを法定労働時間とすることが可能な特例措置対象事業場の場合も、ここでは週40時間超をカウントしなければなりません。

事業者が医師から労働者の措置等に関する意見を聴く

事業者が医師の意見を踏まえて必要な措置を講じる

新規 事業者が産業医に措置内容等を情報提供

新規 措置状況を確認した産業医が勧告を行なう場合は、事業者から意見を求める

措置状況を確認した産業医が労働者の健康確保に必要があると認める場合は、事業者に勧告

新規 事業者が産業医の勧告内容を衛生委員会に報告

✓1-10
健康情報等の取扱規程で
定めなければならない項目をチェック

☐ 就業規則など事業場の労働者全員に適用されるルールとして定めている

☐ 健康情報等を取り扱う目的および取扱方法を定めている

☐ 健康情報等を取り扱う者およびその権限ならびに取り扱う健康情報等の範囲を定めている

☐ 健康情報等を取り扱う目的等の通知方法および本人の同意取得を定めている

☐ 健康情報等の適正管理の方法を定めている

☐ 健康情報等の開示、訂正等の方法を定めている

☐ 健康情報等の第三者提供の方法を定めている

☐ 事業承継、組織変更に伴う健康情報等の引継ぎに関する事項を定めている

☐ 健康情報等の取扱いに関する苦情処理を定めている

☐ 取扱規程の労働者への周知の方法を定めている

必須知識

　労働安全衛生法等にもとづき、事業主は健康診断の結果や労働者の健康確保措置のための活動を通じて、**労働者の心身の状態に関する情報**を保有しなければなりません。

　これらの情報を有効に活用することが求められている一方で、労働者の意図に反して不適切な取扱いが行なわれて、結果的に不利益な取扱いを受けることも考えられるため、慎重な取扱いが求められています。

　このような背景のもと、「労働者の心身の状態に関する情報の適正な取扱いのために事業者が講ずべき措置に関する指針」（平成30年9月7日／厚生労働省より）が公表され、これにもとづき事業主は、健康情報等の適正な取扱いのために、取扱規程を定め、労働者に周知しなければならなくなりました。

　これは大企業、中小企業を問わず、平成31年（2019年）4月1日からの施行となります。

　また、厚生労働省から2019年3月には、「事業場における労働者の健康情報等の取扱規程を策定するための手引き」も公表されています。

✓1-11
勤務間インターバル制度で実施すべきことをチェック

□ 前日の終業時刻から当日の始業時刻の間に一定時間の休息を確保する制度を導入する（努力義務規定）

□ 制度として導入する場合は、就業規則に次の事項についてルール化し規定する
　①休息時間として確保する時間数
　②休息時間を確保した結果、始業時刻を繰り下げる場合の取扱い
　　＜取扱い例①＞
　　　休息時間と当日の所定労働時間が重複する時間帯を労働したものとみなす
　　＜取扱い例②＞
　　　休息時間の満了時刻が当日の始業時刻以上となる場合は、始業時刻を繰り下げる
　③勤務間インターバル制度を適用しない時期がある場合は、その例外期間を規定

📖 必須知識

働き方改革関連法では「労働時間等設定改善法」が改正され、「**勤務間インターバル制度**」の導入が事業主の努力義務となりました。

この制度は、日々働くにあたり、必ず一定の休息時間が取れるようにすることで、結果的に十分な生活時間や睡眠時間を確保することができて、健康、ワークライフバランスを保って働き続けることができると考えられて制度化されたものです。

左ページのチェック項目にもあげたように、導入にあたって検討しなければならないのは、「休息時間を何時間とするか」ということだけではなく、「休息時間を確保したことにより、繰り下げる始業時刻までをどのような取扱いにするのか」ということがポイントとなります。

想定される発生頻度、対象となり得る状況次第で、どのようなルールが最適であるかが決まってきますので、勤務間インターバル制度の対象となる可能性がある部署や労働者などについて、ある程度想定したうえでの検討が必要になるでしょう。

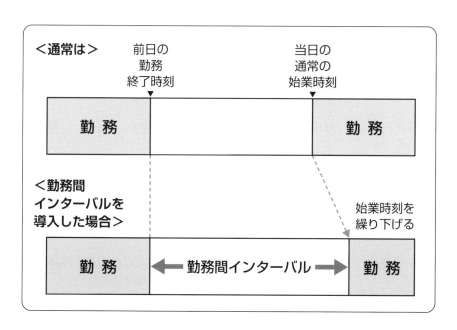

✓1-12
同一労働・同一賃金に関する対応をチェック

□ 労働者の雇用形態を確認し、短時間労働者や有期雇用労働者を雇用している場合は、それぞれの待遇状況を確認している

□ 正社員と短時間労働者・有期雇用労働者では働き方や役割が異なるのであれば、それに応じて賃金や福利厚生の待遇が不合理でない差となっている（均衡待遇）

□ 正社員と短時間労働者・有期雇用労働者では働き方や役割の違いによって、賃金や福利厚生の待遇に違いがあることを説明できるようにしている

□ 正社員と短時間労働者・有期雇用労働者で、①職務内容、②職務内容・配置の変更の範囲が同じである場合は、賃金や福利厚生の待遇も同じ取扱いとしている（均等待遇）

□ 大企業については2020年4月1日から適用、中小企業は2021年4月1日から適用となるため、その準備ができている

必須知識

　同一労働・同一賃金については、厚生労働省から「ガイドライン」が示されています。このガイドラインは、正社員（無期雇用フルタイム労働者）と非正規社員（短時間労働者・有期雇用労働者・派遣労働者）との間で待遇差が存在するときは、それが不合理なものとならないようにするための、原則となる考え方などを示したもので、たとえば賃金については、以下のように記載されています。

【基本給】…労働者の「①能力または経験に応じて」「②業績または成果に応じて」「③勤続年数に応じて」支給する場合は、①、②、③に応じた部分について、同一であれば同一の支給を求め、一定の違いがあった場合には、その相違に応じた支給を求めている。

【役職手当等】…労働者の役職の内容に対して支給するものについては、正社員と同一の役職に就く短時間労働者・有期雇用労働者には、同一の支給をしなければならない。また、役職の内容に一定の違いがある場合においては、その相違に応じた支給をしなければならない。特殊作業手当、特殊勤務手当、精皆勤手当等も同様。

【通勤手当等】…短時間労働者・有期雇用労働者には、正社員と同一の支給をしなければならない。単身赴任手当等も同様。

【賞与】…正社員と同一の貢献である短時間労働者・有期雇用労働者には、貢献に応じた部分につき、同一の支給をしなければならない。また、貢献に一定の違いがある場合においては、その相違に応じた支給をしなければならない。

【時間外手当等】…正社員と同一の時間外・休日・深夜労働を行った短時間労働者・有期雇用労働者には、同一の割増率等で支給しなければならない。

【家族手当・住宅手当等】…これらはガイドラインには示されていないが、均衡・均等待遇の対象となっており、各社の労使で個別的・具体的な事情に応じて議論していくことが望まれる。

働き方改革とは？

　「**働き方改革**」という言葉はとても有名になり、誰もが法改正があったことを知るようになりました。

　もともとは、首相官邸が主導となり開始された働き方改革実現会議によって「働き方改革は、一億総活躍社会実現に向けた最大のチャレンジ」と位置づけられ、2017年3月に「働き方改革実現計画」が発表されました。

　その後多くの検討が行なわれ、2018年6月に「働き方改革関連法」として成立・可決し、法整備がされました。この法律は、主に次の8つの労働法の改正を行なうための法律の通称となります。

【働き方改革関連法の対象となる法律】
①労働基準法
②労働安全衛生法
③じん肺法
④雇用対策法
　（改正により法律名が「労働施策の総合的な推進並びに労働者の雇用の安定及び職業生活の充実等に関する法律」へ変更になりました）
⑤労働者派遣事業の適正な運営の確保及び派遣労働者の保護等に関する法律
⑥短時間労働者の雇用管理の改善等に関する法律
　（改正により法律名が「短時間労働者及び有期雇用労働者の雇用管理の改善等に関する法律」へ変更になりました）
⑦労働時間等の設定の改善に関する特別措置法
⑧労働契約法

2章

労働時間管理のポイント

未払い残業代を請求されるようなトラブルに気をつけましょう。

イントロ チェックを始める前に…

労働時間制はどの制度を適用したらいいの？

毎日の始業・終業時刻は会社が決めたい

通常の労働時間制

1日8時間
週40時間
（特例措置対象事業場は週44時間）

変形労働時間制

- 1週間 — 業種・人数の制限あり
- 1か月 — 原則として制限なし
- 1年 — 上限時間など届出制限あり

実際に働いた時間数に応じて賃金支払い

例外

深夜労働 管理監督者も含めて支払いが

休日労働 原則として法定休日の労働は

労働時間の管理方法はいくつかあることがわかっていても、業種やその会社の価値観によって選択する管理方法は変わってきます。そもそも、どのような情報を整理すれば決めることができるのかがわかりにくいので、労働時間制の全体を図にまとめてみました。

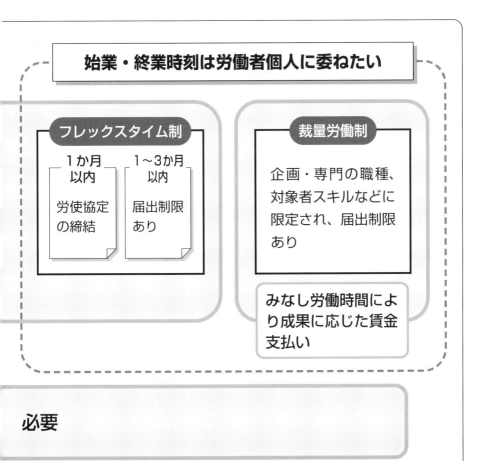

✓2-1
始業時刻と終業時刻に
関するチェック

□ 就業規則、労働条件通知書（労働契約書）に始業時刻と終業時刻を規定している

□ 変形労働時間制が適用されている場合であっても、始業時刻と終業時刻の規定は必須のため、具体的にシフトの始業時刻と終業時刻を規定している

□ フレックスタイム制が適用されている場合は、１日の標準時間は労使協定等で定めていて、始業時刻と終業時刻を労働者に委ねることは就業規則に規定されている

□ 裁量労働時間制が適用されている場合は、通常の始業時刻と終業時刻を基本とするものの、業務遂行の必要に応じて本人の裁量により具体的な時間配分を決定している

📖 必須知識

　労働時間については、 **1日8時間、週40時間**を超えないという原則が労働基準法第32条に規定されています（特例措置対象事業場は週44時間）。

　「始業時刻」「終業時刻」については、労基法第89条の就業規則の作成・届出の義務の規定において、また労基法施行規則第5条の労働条件明示の規定において、規定しなければならない情報として定められています。

　つまり、就業規則および労働条件通知書（労働契約書なども含む）では、「労働時間は1日8時間、週40時間以内とする」という定めだけでは足りず、具体的に「始業時刻」「終業時刻」を定めなければなりません。

　労働時間管理の例外として、変形労働時間制やフレックスタイム制、裁量労働時間制などがありますが、原則となる始業時刻、終業時刻を定めたうえで、それぞれの特性に合わせて労働者に委ねるなどのルールを規定することになります。

　特にアルバイトなど、柔軟な働き方として雇用区分される従業員については、始業時刻と終業時刻が1つのパターンだけとは限らないため、就業規則や労働条件通知書などで「時刻」が定められていないことがありますが、その場合も定めなければならないことを忘れないようにしましょう。

√2-2

深夜労働の取扱いチェック

☐ 深夜割増賃金は、一般社員のほか、専門業務型裁量労働制・企画業務型裁量労働制の対象者も、また管理監督者（労基法41条における適用除外者）も支給対象者としている

☐ 高度プロフェッショナル制度の適用を受ける者は、深夜労働を適用除外としている

☐ 深夜勤務の賃金は、22時から翌日5時までの時間帯に勤務をした場合に25％以上の割増手当として支払っている

☐ 18歳未満の年少者は、深夜労働を禁止している（例外措置：18歳未満の年少者の深夜労働が認められるのは、農林業、畜産・水産業、病院・保健衛生業、および電話交換の業務のほか、災害発生時とされている）

☐ 例外措置として、交替制の場合は、満16歳以上の男性の場合に限り、深夜勤務も可能としている

☐ 深夜業に常時従事する労働者に対しては、6か月以内ごとに1回、定期的に医師による健康診断を実施している
（常時50人以上の労働者を使用する事業場は、「定期健康診断結果報告書」を所轄の労働基準監督署長へ届け出る必要あり）

📖 必須知識

　深夜労働については、単なる時間外労働とは異なり、誰に対しても対応する時間帯（22時から5時まで）の労働に対して、割増手当を支払う必要があります。割増率は通常の労働時間に支払われる賃金の2割5分以上となります。

　労働基準法第41条で、労働時間・休憩・休日に関して適用除外とされているいわゆる**管理監督者**についても、深夜労働については適用除外とはされていないので割増手当を支払わなければなりません。深夜労働については、割増手当を支払わなくてもよい労働者はいない、と考えておきましょう。

　なお、**定額残業手当**と同じような考え方で、管理監督者に支払われる役職手当などに「深夜労働○○時間分を含む」と規定しておくことも不可能ではありませんが、あくまでも実際に深夜労働をした分については支給が必要な点や、深夜労働分の金額が明確に区分されていることなど、定額残業手当の取扱いと基本的な考え方は同様です。

▶健康管理にも注意しよう！

　通常は、常時使用する労働者に対して、定期健康診断は1年に1回実施しますが、深夜業に常時従事する労働者に対しては、6か月以内ごとに1回の定期健康診断を実施する必要があります。

　この「深夜業の業務に常時従事する労働者」とは、22時から5時までの間に業務に従事することが、6か月を平均して1か月あたり4回以上ある人とされていますので、深夜時間帯のシフトが多い労働者についてはケアが必要です。

√2-3

管理監督者に関する取扱いチェック

- □ 賃金制度や配置などの労働条件の決定、社員の採用、人事考課などの労務管理において決定権限があり、経営者と一体的な立場にある
- □ 会社が任命する職制上の役付者がすべて管理監督者に該当するものではない
- □ 始業時刻・終業時刻、休憩、休日などの勤怠時間の管理がなく、規制の枠を超えた活動をすることも要請されざるを得ない責務を有している（管理監督業務が主で、一般業務による長時間労働が余儀なくされるものではない）
- □ 給与から遅刻・早退などの不就労控除をしていない
- □ 基本給、役職手当などでその地位にふさわしい待遇がなされており、一般社員と比較して優遇措置が講じられている
- □ 深夜労働をした場合は、深夜割増手当を支給している
- □ 「経営上の重要事項に関する企画、立案、調査等」を担っている本社の企画、調査部門に配置されるスタッフ職は、管理監督者と同等の処遇をしている

POINT

　管理監督者の範囲については、厚生労働省労働基準局が通達でその要件を明示していますが、あくまでも、具体的な判断にあたっての考え方を整理しているものと理解してください。

📖 必須知識

　左ページにあげたチェック項目は、一般企業における**管理監督者**の判断基準として、厚生労働省の通達「監督又は管理の地位にある者の範囲」(昭22.9.13発基第17号、昭63.3.14基発第150号)に示されているものです。

　まず前提条件として、管理監督者は労働条件の決定その他労務管理について**経営者と一体的な立場にある者**とされていて、あくまでも会社内での役職名にとらわれず、**実態に即して判断すべき**とされています。明確な定義とはなっていないため、解釈も明らかではない部分が多いのですが、考え方を整理したうえで、会社ごとに個別に判断していくことになります。

　管理監督者をめぐる問題が世の中の注目を浴びるようになったのは、やはり日本マクドナルド事件(東京地裁／平20.1.28判決)でしょう。その後に出された通達「多店舗展開する小売業、飲食業等の店舗における管理監督者の範囲の適正化」(平20.9.9基発第0909001号)では、管理監督者性が否定される要素が具体的に列挙されています。特に、以下の事項は注意しておくべきポイントとなります。

①**職務内容、責任と権限**
- アルバイト・パート等の採用に関する責任と権限がない
- アルバイト・パートの解雇に関して、人事考課については関与していない
- 勤務割表の作成または所定時間外労働の命令を行なう責任と権限がない

②**勤務態様**
- 出退勤時間の自由がなく、遅刻早退による減給・不利益な取扱いがされている

③**賃金等の待遇**
- 実態として長時間労働となっており、時間単価に換算するとアルバイト・パートの賃金額に満たない(最低賃金に満たない)

√2-4

出張の取扱いチェック

☐ 出張先へ向かうなどの移動時間は、労働基準法上の労働時間には該当しないこととしている

☐ 出張などの移動時間に、物品の監視等の別段の指示がある場合は移動時間を労働時間としている

☐ 出張先で労働時間を把握することが困難な場合は、事業場外みなし労働時間制を適用している

☐ 出張先で滞在中の休日に、業務に従事した場合は、休日労働としている

☐ 出張先で滞在中の休日に、移動のみを行なった場合は、休日労働とはしない

☐ 出張先へ向かう途中、出張先から帰宅する途中で発生した災害は、通勤災害とはならないとしている

📖 必須知識

　出張時の労働時間管理でポイントとなるのは、やはり**移動時間**と**時間外労働**についてです。

　労働時間の定義については、法令で明確な定めはありませんが、「労働者が使用者の指揮命令下にあって、労務を提供している時間」とされているので、出張先への移動時間などは労働基準法上の労働時間とはいえません。

　移動時間は、その後の業務を遂行するために移動しているのであり、拘束されている時間ではありますが、その移動時間中は本を読んだり眠ったりと自由に過ごせる時間であり、会社の指揮命令下にあるとはいえないので、労働時間とはならない取扱いになっています。

　ただし例外として、物品や現金、機密書類などを運搬すること自体が目的であり、それらを無事に送達すること自体が用務である場合には、その運搬が業務となるため、原則として労働時間となります。

　要するに、四六時中、運搬する物を監視しなければならない場合以外は、労働時間として扱わなくてもよいといえます。

　なお、出張期間も毎日労働していることになるため、通常どおり**週に1日、もしくは4週4日の休日**を与える必要があります。

　したがって、出張期間中の休日に業務を行なうスケジュールとしている場合には、休日労働を命じていることになるので注意が必要です。休日に移動のみを行なう場合は、労働時間としてカウントする必要はありません。

√2-5
1か月単位の変形労働時間制の運用チェック

☐ 1か月以内の期間を平均して1週間の所定労働時間は40時間（特例措置対象事業場においては44時間）を超えていない

☐ 就業規則その他これに準ずるものにより、1か月単位の変形労働時間制の規定を定めている、もしくは労使協定を締結している

☐ 就業規則等で次の事項を規定している
　①変形労働時間制を採用する旨の定め　　②変形期間
　③変形期間の起算日　　④変形期間の所定労働時間
　⑤変形期間の各日の始業・終業時刻

☐ 1か月単位の変形労働時間制を規定した就業規則または労使協定を労働基準監督署に届け出ている

☐ 労使協定を締結する場合は、次の事項を定めている
　①変形期間と変形期間の起算日　　②対象となる労働者の範囲
　③変形期間中の各日および各週の所定労働時間
　④協定の有効期間

☐ 変形期間の所定労働時間を平均した1週間の所定労働時間は法定労働時間を超えていない
　●月の暦日数が31日の月→177時間8分
　●月の暦日数が30日の月→171時間25分

☐ 時間外労働は、日、週、変形期間の3段階で該当チェックしている

☐ 変形期間の途中で、労働日や労働時間の変更をしていない

☐ 週1日もしくは4週4日で休日を設定している

☐ 18歳未満の年少者は原則として適用除外としている

☐ 妊産婦から請求があった場合は、適用除外としている

📖 必須知識

　変形労働時間制は、もともと1日8時間、週40時間の法定労働時間の例外となる制度であるため、一定の要件を満たす場合に有効となりますが、**1か月単位の**変形労働時間制は、会社が作成権限をもっている**就業規則に規定するだけで**導入できることが大きな特徴です。

　たとえば、1日の営業時間が長い店舗などでシフト運用している会社や、月末が忙しいなど1か月単位で繁閑の差を吸収できる業務などに適している変形労働時間制です。

　1日の所定労働時間が8時間で週休2日としている会社であっても、あらかじめ定めて振替休日を与えることができる場合は、1か月単位の変形労働時間制としておくことで、時間外労働時間を発生させることなく繁閑に応じて労働時間を調整させることが可能なため、就業規則で規定しておくと安心です。

　ただし、**あらかじめ労働日と休日を定めて**おかないと、「変形労働時間制」にはならないので、その点は注意が必要です。

　ちなみに、常時使用する労働者が10人以上の事業場は就業規則で規定することが要件になっていますが、10人未満の事業場については、就業規則に準じるものに規定し周知することが必要となります。

▶フレックスタイム制とはここが異なる！

　業務の繁閑にあわせて所定労働時間を柔軟に対応するという意味では、1か月単位の変形労働時間制は**フレックスタイム制**と混同しがちです。

　しかし、フレックスタイム制は、「始業時刻と終業時刻を労働者に委ねる」制度ですが、1か月単位の変形労働時間制はあくまでも「会社が各日の始業・終業時刻を決める」という点でフレックスタイム制とは大きく異なります。

√2-6
1年単位の変形労働時間制の運用チェック

- ☐ 1年以内の対象期間を平均して1週間の所定労働時間は40時間を超えていない

- ☐ 就業規則その他これに準ずるもので定めており、労使協定を締結して所轄の労働基準監督署に届け出ている

- ☐ 労使協定で次の事項を定めている（①対象労働者の範囲、②対象期間および起算日、③特定期間および起算日、④労働日および労働日ごとの所定労働時間、⑤協定の有効期間）

- ☐ 対象期間の途中にみだりに労働日や各日の所定労働時間を変更していない

- ☐ 1日の所定労働時間は10時間以内、1週間の所定労働時間は52時間以内としている

- ☐ 特定期間を除いて、連続労働日は6日まで、特定期間は12日までとしている

- ☐ 対象期間が3か月を超える場合の労働日数は1年あたり280日を限度としている（対象期間における労働日数の上限＝280日×対象期間の暦日数／365日）

- ☐ 対象期間が3か月を超える場合は、次のいずれの条件も満たしている
  ①所定労働時間が48時間を超える週は連続3週まで
  ②対象期間をその初日から3か月ごとに区分した各期間において、所定労働時間が48時間を超える週は3回まで

- ☐ 対象期間中に入社・退職する労働者に対しては、労働期間を平均して週40時間を超える時間を時間外労働として割増賃金を支払っている

- ☐ 18歳未満の年少者は、原則として適用除外としている

- ☐ 妊産婦から請求があった場合は、適用除外としている

📖 必須知識

　1年単位の変形労働時間制は、季節等により繁閑の差がある会社に有効な変形労働時間制で、1か月超から1年以内の期間で対象期間を定めることができます。

　労使協定では、対象期間中の労働日と所定労働時間をあらかじめ特定する必要がありますが、対象期間が長期間になるため、最初の1か月のみ具体的に労働日と所定労働時間を定めて、2期目以降の期間については、労働日数と総労働時間だけを規定することでもよいとされています。

　ただし、2期目以降の期間の具体的な労働日と労働時間は、その期間が始まる少なくとも30日前には社員代表等の同意を得て定めなければならないので、毎月月末までには、翌々月のシフトを決定するという運用方法になります。

　実際にシフトを作成する際には、上限設定がある連続労働日、1日の所定労働時間、週の所定労働時間に十分に注意しなければなりません。

　1年単位の変形労働時間制では、1年以内の期間を定めて平均して週40時間の所定労働時間とすることが可能ですが、制約もあります。第一に、労働時間の上限が360時間ではなく、320時間になるほか、週44時間の特例（商業などの限られた業種で常時労働者が10人未満の事業所のみ適用）も使うことができません。

　しかし、季節ごとに業務の繁閑の差が大きい会社にとっては、時間外労働を調整できる有効な制度となることでしょう。

▶途中退職者に注意！

　1年単位の変形期間の途中に退職する場合は、清算が必要となります。

　入退社の多い企業は管理が煩雑になるので、運用も考えたうえでルールを決めておきましょう。

✓2-7
１週間単位の非定型的変形労働時間制の運用チェック

☐ 小売業、旅館、料理店および飲食店の事業であり、常時労働者が30人未満の事業場である

☐ 就業規則その他これに準ずるものにより、１週間単位の非定型的変形労働時間制の規定を定めていて、労使協定を締結し所轄の労働基準監督署に届け出ている

☐ 労使協定で１週間の所定労働時間は40時間以内と定めている

☐ １日の所定労働時間は10時間までとしている

☐ 前週末までに各日の所定労働時間を労働者に書面通知している

☐ 18歳未満の年少者は、適用除外としている

☐ 妊産婦から請求があった場合は、適用除外としている

📖 必須知識

　日ごとで業務の繁閑の差が生じることは多いけれど、その繁閑の差が生じることが定型的ではないため、1か月単位や1年単位での変形労働時間制を導入することができないことを想定してできた制度が**1週間単位の非定型的変形労働時間制**です。

　この制度の適用は、小売業、旅館、飲食店の業種の小規模事業場に限られています。

　たしかに、対象となる業種は定型的な繁閑ではなく、非定型という意味では合致しているといえますが、労働基準法第40条の特例措置となっている「常時10人未満の事業場であれば週44時間が法定労働時間」とされている措置が、この非定型的変形労働時間制の導入により解除され、週40時間に短縮しなければならないというデメリットがあります。そのため、実態としては1週間単位の非定型的変形労働時間制の導入は実益がないと考えられています。

　1週間単位で所定労働時間を決めるということは、週末にならないと翌週の予定が決められないということになるため、実際に所定労働時間を定めるにあたっては、労働者の意思を尊重するように努めなければならず、事前に労働者の都合を聞くなどの対処が必要になります。

　また、あらかじめ通知した所定労働時間を変更するには、緊急でやむを得ない事由がある場合で所定の手続きをとることにより可能となっているため、会社側の主観的な必要性でみだりに変更することはできません。この点も、利用しづらい原因になっていると思われます。

√2-8
1か月以内のフレックスタイム制の運用チェック

☐ 就業規則その他これに準ずるものにより、フレックスタイム制に関する規定を定めていて、所轄の労働基準監督署に届け出ている

☐ 就業規則その他これに準ずるものにより、フレックスタイム制で始業時刻と終業時刻は労働者の決定に委ねる旨の定めをしている

☐ 労使協定で次の事項を定めている（労基署への届出義務なし）
　①対象労働者の範囲
　②清算期間（1か月以内）およびその起算日
　③清算期間における総労働時間
　④標準となる1日の労働時間
　⑤コアタイムを設ける場合は、その開始および終了時刻
　⑥フレキシブルタイムを設ける場合は、その開始および終了時刻

☐ 休憩はフレックスではなく、一斉に付与している（ただし、一斉休憩除外協定の締結をしている事業場および一斉休憩が必要でない事業を除く）

☐ 休日労働は、フレックスタイム対象外としている

☐ コアタイムに遅刻したり早退したりした場合に、遅刻・早退による賃金控除をしていない

☐ 実働時間の繰越しは不足している場合に限り、超過した時間を翌月へ繰り越していない

☐ コアタイム以外に参加を義務づけている会議などを日々実施していない

☐ 派遣労働者が派遣先でフレックスタイム制としたい場合は、派遣元の就業規則で規定されていて派遣先の労使協定が締結されている

📖 必須知識

　変形労働時間制の場合は、始業・終業時刻は会社が決めますが、**フレックスタイム制**は日々の始業・終業時刻を労働者が自由に決めることができるという点に大きな違いがあります。

　労働者が自由に決められるということは、業務スケジュールだけでなく、個人の生活の都合にあわせて調整することができることになり、仕事と個人の生活のバランスを保つためには有効な制度といえます。業務遂行において労働者が主体的に決定できる事項が増えることは、自律性を高めてもらうことにもつながるため、職場のチームとしての意識を高めることも期待できます。

　一方でフレックスタイム制では、時間外労働がどの程度になっているのかという点を現場の上司が事前に確認しづらいことが多くなるため、必ずしも業務の繁閑に応じて時間調整することにより時間外労働が削減できるとは限らない点には注意が必要です。

▶遅刻・早退の概念には要注意！

　コアタイムを設けた場合であっても、フレックスタイム制は始業・終業時刻の決定を労働者本人に委ねているので、通常の遅刻・早退というものは生じないことになります。

　しかし、コアタイムに遅刻・早退をしてはならないと就業規則で定めて皆勤手当の支給基準に入れることは問題ありませんし、賞与、昇格などの査定基準に含めることも問題ありません。

　なお、労働者本人に委ねている始業時刻を無視して、コアタイムでない時間帯に朝礼や会議を強制するなど、実質的な自由を奪うような運用はできないので、上手にコアタイムを活用して一定のルール化を実施していくようにします。

　なお、2019年4月からフレックスタイム制の清算期間は3か月以内まで可能となりました。1か月を超える清算期間のフレックスタイム制については、1－7項（28ページ）を参照してください。

✓2-9
専門業務型裁量労働制の運用チェック

□ 就業規則その他これに準ずるものにより、専門業務型裁量労働制に関する規定を定め、所轄の労働基準監督署に届け出ている

□ 適用対象者の業務が、専門業務型裁量労働制の適用対象業務（右ページ参照）であり、対象業務を適切に遂行するための知識と経験を有している者を対象としている

□ 対象の事業場ごとに労使協定で次の事項を締結し、所轄の労働基準監督署に届け出ている
　①対象業務
　②みなし労働時間
　③対象業務の遂行手段と時間配分の決定等に関して、具体的な指示をしないこと
　④対象労働者の健康・福祉確保のための措置
　⑤対象労働者からの苦情処理に関する措置
　⑥協定の有効期間（３年以内が望ましい）
　⑦上記④と⑤の記録を有効期間中および期間満了後３年間の記録保存

□ みなし労働時間が業務実態に即した時間数となっている

□ みなし労働時間が所定労働時間を超えている場合は、時間外労働手当を支給している

□ 業務遂行方法や時間配分について、現場で具体的な指示命令をしていない

□ 実際の労働時間が恒久的に、極端な長時間となっていない

□ 苦情処理窓口担当者を設けている

60

📖 必須知識

専門業務型裁量労働制とは、研究開発等の一定の専門業務を担当している労働者に対して、通常その業務をするためにはどの程度の時間を労働することが必要なのかを労使協定で定めて、その決めた時間を1日の「**みなし労働時間**」とする労働時間管理の方法です。

つまり、実際の労働時間が所定労働時間より短くても長くても、「みなし労働時間」を労働したとみなす労働時間制度です。

変形労働時間制やフレックスタイム制と異なる点は、実労働時間でカウントしていくのではなく、あくまでも「みなし」の時間が労働時間となるという点です。専門業務型裁量労働制の特徴としては、実労働時間の長さとは関係なく成果を出すことができる業務が対象業務として考えられていることがあげられます。

【専門業務型裁量労働制の対象となる19業務】

① 新商品もしくは新技術の研究開発または人文科学もしくは自然科学に関する研究の業務
② 情報処理システムの分析または設計の業務
③ 新聞もしくは出版の事業における記事の取材もしくは編集の業務または放送番組の制作のための取材もしくは編集の業務
④ 衣服、室内装飾、工業製品、広告等の新たなデザインの考案の業務
⑤ 放送番組、映画等の制作の事業におけるプロデューサーまたはディレクターの業務
⑥ 広告、宣伝等における商品等の内容、特長等にかかる文章の業務
⑦ 事業運営において情報処理システムを活用するための問題点の把握またはそれを活用するための方法に関する考案もしくは助言の業務
⑧ 建築物内における照明器具、家具等の配置に関する考案、表現または助言の業務
⑨ ゲーム用ソフトウェアの創作の業務
⑩ 有価証券市場における相場等の動向または有価証券の価値等の分析、評価またはこれにもとづく投資に関する助言の業務（いわゆる証券アナリストの業務）
⑪ 金融工学等の知識を用いて行なう金融商品の開発の業務
⑫ 学校教育法に規定する大学における教授研究の業務
⑬ 公認会計士の業務　　⑭ 弁護士の業務
⑮ 建築士（一級建築士、二級建築士および木造建築士）の業務
⑯ 不動産鑑定士の業務　　⑰ 弁理士の業務
⑱ 税理士の業務　　⑲ 中小企業診断士の業務

✓2-10
企画業務型裁量労働制の運用チェック

☐ 就業規則その他これに準ずるものにより、企画業務型裁量労働制に関する規定を定め、所轄の労働基準監督署に届け出ている

☐ 適用対象者の業務が、企画業務型裁量労働制の適用対象業務（右ページ参照）であり、対象業務を適切に遂行するための知識と経験を有している者を対象としている

☐ 過半数労働組合または過半数代表者から任期を定めて指名された委員が半数以上を占めている労使委員会を組織している

☐ 労使委員会の議事録が作成・周知され、3年間保存されている

☐ 労使委員会は次の事項を委員の5分の4以上の多数により決議のうえ、決議届を所轄の労働基準監督署に届け出ている
①対象業務の具体的な範囲　　②対象労働者の範囲
③みなし労働時間
④対象労働者の健康・福祉確保のための措置
⑤対象労働者からの苦情処理に関する措置
⑥対象労働者の同意を得なければならないことおよび同意しなかった労働者に対して不利益な取扱いをしないこと
⑦決議の有効期間（当分の間3年以内）
⑧有効期間中と期間満了後3年間の実施状況に係る記録保存

☐ 対象労働者に決議の有効期間ごとに個別に合意を得ている

☐ みなし労働時間は業務実態に即した時間数となっている

☐ みなし労働時間が所定労働時間を超えている場合は、時間外労働手当を支給している

☐ 業務遂行方法や時間配分について、現場で具体的な指示命令をしていない

☐ 実際の労働時間が恒久的に、極端な長時間となっていない

☐ 苦情処理窓口担当者を設けている

📖 必須知識

企画業務型裁量労働制は、専門業務型裁量労働制と似たようなしくみの制度で、**一定の事業場の一定の業務を担当する労働者**に対して、みなし労働時間制を適用する制度です。

専門業務型裁量労働制と大きく異なる点は、労使委員会で決議することと、個別に対象労働者の同意を得るという２点です。

そのほか運用面では、決議届を届け出るだけではなく、その後６か月ごとに所定の様式により労働基準監督署に定期報告を行なわなければならないので、運用の煩雑さからいうと、専門業務型裁量労働制よりも導入し継続していくためのハードルが高くなります。

【企画業務型裁量労働制の対象となる事業場、業務、労働者】

〈対象事業場〉①本社・本店、②当該事業場の属する企業等にかかる事業の運営に大きな影響を及ぼす決定が行なわれる事業場、③本社・本店である事業場の具体的な指示を受けることなく独自に、事業の運営に大きな影響を及ぼす事業計画や営業計画の決定を行なっている支社・支店等

〈対象業務〉①事業の運営に関する事項（対象事業場の属する企業・対象事業場にかかる事業の運営に影響を及ぼす事項）についての業務であること、②企画、立案、調査および分析の業務（企画、立案、調査および分析という相互に関連し合う作業を組み合わせて行なうことを内容とする業務であって、部署が所掌する業務ではなく、個々の労働者が担当する業務）であること、③当該業務の性質上、これを適切に遂行するには、その遂行の方法を大幅に労働者の裁量にゆだねる必要がある業務であること、④当該業務の遂行の手段および時間配分の決定等に関し使用者が具体的な指示をしないこととする業務であること

〈対象労働者〉①対象業務を適切に遂行するための知識、経験等を有する労働者（少なくとも３～５年の職務経験があること）、②対象業務に常態として従事している者

√2-11

事業場外みなし労働時間制の運用チェック

☐ 就業規則その他これに準ずるものにより、事業場外みなし労働時間制に関する規定を定めていて、所轄の労働基準監督署に届け出ている

☐ 事業場外みなし労働時間制を適用するのは、労働時間の全部または一部について事業場外で業務に従事しているだけでなく、あくまでも労働時間の算定が困難な場合に限っている

☐ 事業場外労働であっても、使用者の指揮命令が及んでいて労働時間が算定可能な場合は、把握した実労働時間を労働時間として算出している

☐ 事業場外の業務に従事した場合の労働時間の算定方法は次のいずれかとしている

①所定労働時間　　②その業務の遂行に通常必要とされる時間

☐ みなし労働時間が所定労働時間を超える場合は、次の項目について労使協定を締結している

①対象とする業務　　②１日のみなし労働時間　　③有効期間

☐ みなし労働時間が法定労働時間（８時間）を超える場合は、労使協定を締結するだけでなく、所轄の労働基準監督署に届け出ている

☐ 労働日のうち一部が労働時間の算出困難な事業場外労働である場合で、通常必要とされる時間が所定労働時間より長い場合は、通常必要とされる時間と事業場内労働時間の合計時間を１日の労働時間としている

☐ みなし労働時間が所定労働時間を超えている場合は、時間外労働手当を支給している

☐ 18歳未満の年少者は適用除外としている

☐ 妊産婦から請求があった場合は、適用除外としている

📖 必須知識

　事業場外での業務遂行は、管理者の指揮命令が及ばず労働時間の算定が困難となるため、その場合は「業務遂行に必要な時間を労働したものとみなす」というルールを適用するのが**事業場外みなし労働時間制**です。

　この制度を導入するときは、対象となり得る業務それぞれについて必要とされる時間を検討して労働時間を決定する、というステップを踏んで実施することになります。

　会社の外で仕事をするときは、どんな場合でも同じと決めつけず、業務によって異なるかどうか実態を把握することが大切です。

　そのうえで、「所定労働時間」で統一してよいということであれば、就業規則に規定するのみで終わりますが、通常必要とされる時間が所定労働時間よりも長いと判断した場合は、労使協定の締結が必要となり、さらに法定労働時間を超える場合は、労使協定の届出までが必要となります。

　阪急トラベルサポート第二事件（最高裁／平26.1.24判決）では、添乗員の事業場外みなし労働時間制が認められませんでしたが、このことが一つのきっかけとなり、今後は、「労働時間が算定しがたいときかどうか」「使用者の具体的な指揮命令が及んでいないか」という点について、より厳密に問われることになると考えられます。

▶深夜労働時間はみなし労働時間とはならない！

　事業場外労働のみなし労働時間であっても、深夜労働の規定は適用されるため、実際に深夜の時間帯に労働したときは、深夜割増手当を支払う必要があります。

どのように労働時間を管理するかが最も重要

　「働き方改革」により、労働時間管理の重要性が認識されるようになりましたが、単に法違反にならないようにするというだけではなく、長時間労働の抑制、未払い賃金の防止などの観点からも、最適な労働時間管理を選択することが重要であることは間違いありません。

　また、会社が管理するための視点からだけではなく、働く人の視点から考えてみても、労働条件のうち特に労働時間と賃金については、大変重要な条件なので、ここを曖昧にしていることでいいことはありません。

　労働時間を正しく管理していることを明確にすることで、安心して働くことができる環境であることがはっきりするのは、会社と労働者の両者にとってプラスになると考えていただければと思います。

　会社の業種としての特徴だけではなく、具体的な仕事の内容や働く人の状況をよく考えたうえで、労働時間の最適な管理方法を決める必要があります。

　全社的に一律の管理方法でなくてもかまいません。実態に合った管理方法を選択することが大切です。

　まずは、労働時間管理の原則を理解したうえで、法律で定められている例外の管理方法の特徴を把握し、運用上問題がないかどうかを検討していくことがよいでしょう。

　労働時間について、会社として明確に決めておきたいことはどこまでか、労働者にはどこまで委ねることができるのか、具体的に整理してみましょう。

3章

採用・入社手続き時のポイント

> 会社と従業員の信頼を築くには最初が肝心です。

イントロ チェックを始める前に…

求人から採用までに
会社が行なうことは？

　求人を行なうことで労働者を募集し、**面接**などを経て**採用**することを決定し、実際に入社し、**試用期間**を経て**本採用**となるまでが、採用・入社手続きの一連の流れとなります。

　それぞれのシーンで注意すべき事項は多くありますので、どの時点で何に注意しなければならないかを、しっかり理解しておくことが大切です。

　特に、会社側からの情報発信、書面交付などのアクションが必要なときには、確実な内容で対応する必要があります。

　また、実際に入社に関わる手続きに不備があると、会社と労働者との信頼関係を築くことができなくなってしまうので、なんといっても最初が肝心であることはもちろんです。

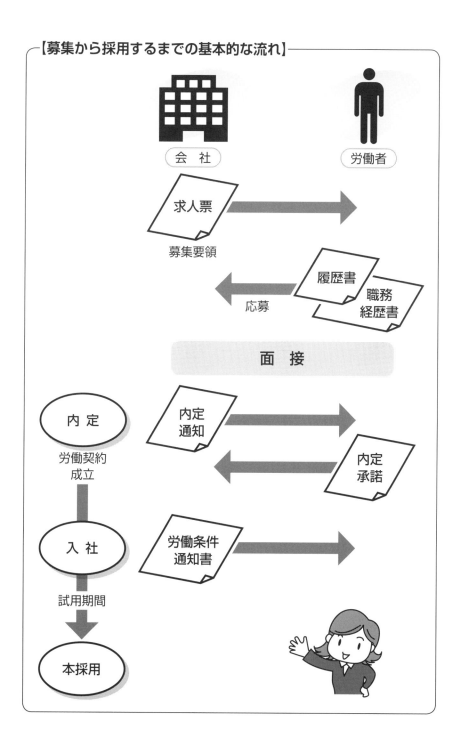

√3-1

募集要領に関するチェック

☐ ハローワークなどへの求人申込み、自社ホームページでの募集、求人広告の掲載などを行なう際には、労働条件を明示している
　＜最低限明示しなければならない労働条件＞
- 業務内容
- 契約期間
- 試用期間
- 就業場所
- 就業時間と休憩時間
- 休日
- 時間外労働の有無
- 賃金
- 加入保険
- 募集者の氏名または名称
- 派遣労働者として雇用する場合は、雇用形態が派遣社員であること

☐ 裁量労働時間制を採用する場合は、みなし時間を明記している

☐ 固定残業代を採用する場合は、固定残業代を除いた基本給の額と、固定残業代に関する労働時間数と金額、計算方法、また固定時間分を超える残業代を支給することを明記している

☐ 試用期間がある場合は、その期間のほか、試用期間後に労働条件が異なる場合は、それぞれ分けて明示している

☐ 子会社や関連会社の募集をまとめて行なう場合は、雇用主の会社名を分けて記載している

📖 必須知識

　職業安定法が改正され、平成30年（2018年）1月1日から施行されています。

　この改正では、求人者と求職者との間で労働条件の認識が異なることによるトラブルを防止するために、**求人・募集情報の適正化**が図られました。

　これにより、企業は虚偽の求人の申込みをすると罰則の対象となり、職業安定法第65条では、虚偽の条件を掲示してハローワーク、職業紹介事業者等に求人の申込みを行なった場合は、6か月以内の懲役または30万円以下の罰金に処すると規定されています。

　募集の段階で明示する労働条件が虚偽または過大な内容になっていると、それを前提に応募してくる人と結果的にトラブルになる可能性が出てくるので、実態に合った労働条件を明示することは会社にとってもメリットがあります。

　また、当初明示した労働条件が変更される場合は、変更内容について明示しなければならなくなりました。つまり、面接等の過程で労働条件に変更があった場合は、すみやかに求職者に知らせることが必要です。

　さらに、試用期間と本採用後で労働条件が異なる場合も、それぞれの労働条件を明示しなければなりません。

　募集には、時間も費用もかかります。そのうえで採用を決定するわけなので、入社後にミスマッチが発生しないように、事前に準備をしておくことも大切です。

　労働条件のなかでも特に**労働時間と賃金**については、トラブルになることが多いので、あなたの会社の実態に合った条件を提示することで、結果的に効率も上がります。

✓3-2

採用面接に関するチェック

□ 公正な採用選考をするために、応募者の基本的人権を尊重し、適性と能力のみを基準として選考している

□ 応募者のもつ適性と能力以外のことを採用条件としていない

□ 応募者の適性と能力に関係のないことや、本人に責任のない事項を面接で尋ねていない。たとえば、以下の事項については面接で質問することはない
- 本籍・出生地
- 家族の職業、地位、学歴、収入、資産など
- 住宅の状況
- 生活環境や家庭環境
- 宗教・支持政党
- 人生観、生活信条
- 尊敬する人物、思想
- 労働組合、学生運動などの社会運動
- 購読新聞、雑誌、愛読書　など

□ 募集に際しては、性別・年齢にかかわりなく均等な機会を与えている

📖 必須知識

　日本の法律では、解雇に関する規制は多くありますが、**採用に関しては自由度が高い**といえます。

　会社は、事業遂行上の必要性や給与の支払い能力から判断して自由に雇い入れる人数を決めることができますし、募集の方法をどのようにするかという点も自由です。また、原則として、どのような基準で採用するかということを決める自由があります。

　しかし、実際に採用選考するにあたっては、**一定の配慮すべき事項**というものがあります。

　具体的には、本人に責任のない事項である本籍や家族、住宅や生活環境に関することや、思想信条などの本来自由であるべき事項について把握するために面接で質問することは、就職差別につながるとされています。

　日本国憲法では、「職業選択の自由」が明記されており、すべての人の就職の機会均等を保障するために、会社は人権問題を正しく理解したうえで、公正な採用選考をしなければなりません。

　会社内で採用面接に関わる人が少ない場合は、面接のマニュアルまでは必要ないかもしれませんが、人事担当者だけが面接するわけではなく、現場の管理職が採用段階で面接するケースがある場合には、面接時にストレートに質問してはいけないことをまとめてマニュアル化しておくと安心です。

　採用面接では、応募者の立場に立った対応を心がけ、興味本位と思われるような質問をしないように注意することが大切です。

　入社する前から、会社にとっても働く人にとってもお互いに誤解がないことが重要なことなので、採用面接によって確実に相互理解ができるステップを構築できることが理想といえます。

√3-3

内定の取扱いチェック

☐ 採用内定を通知し、承諾したことにより内定者としている

☐ 採用時の条件があらかじめ示した条件から変更となる場合は、変更の確定後すみやかに、労働条件の変更を明示している

☐ 労働条件を変更する際には、変更内容が対照できる書面を交付するか、変更前の労働条件に変更箇所を注記して明示している

☐ 内定者とは労働契約が成立しているため、内定を取り消す場合は、合理的と認められる次の理由がある場合に限っている

　①学校を卒業したら採用する等の条件付きの労働契約の場合で、その条件が不成就となった場合

　②採用内定取消事由を決めていた場合で、その事由となる事象が発生した場合

　③その他の不適格事由が発生した場合

☐ 内定取消しは、客観的に合理的で社会通念上相当として是認できる事由がある場合に限っている

☐ 内定後から入社日までの期間に研修を行なう場合は、内定時に説明し合意を得ている

☐ 内定後から入社日までに期間がある場合は、定期的に連絡を取るなどのフォローをしている

POINT

　使用者側には「採用の自由」が保証されていますが、採用内定となり、労働契約が成立した後に取り消す場合は、法的には「解雇」となります。内定取消しのハードルは高く、採用内定の前に知ることができない事由で内定を取り消すことはできないので、内定を出す前に十分に確認しておくことが重要です。

📖 必須知識

　人材を募集している会社に応募することは「労働契約の申込み」となり、それに対して会社が「採用内定の通知」をし、労働者がそれを「承諾」することにより、「労働契約が成立」すると考えられています。

　内定とは、「**始期付解約権留保付労働契約の成立**」とされており、明確に法律で定義づけられているわけではないので、各種判例からの考え方にもとづいて運用することになります。

　たとえば、内定に先立ち、「**内々定**」の通知を行なう会社もあるなど、内定に関する実態はさまざまですが、あくまでも形式だけではなく実態で判断していくことになります。

▶内定取消しには限界がある！

①経歴詐称を取消事由にできるか

　あくまでも、重要な経歴や業務に関係する経歴の詐称があった場合には、内定取消しの事由とすることが可能と考えられます。つまり、履歴書等の虚偽記載の内容と程度が重大であり、その結果、従業員として不適格である場合に限られる、という厳しい条件があることを認識しておく必要があります。

②健康状態を取消事由にできるか

　経歴詐称と同じように、業務に直結する問題となるかどうかがポイントとなり、業務に耐えられないことが医学的に明らかかどうかという厳しい条件があります。そのため、産業医に受診させるなど医学的裏付けを確保することを検討する必要があります。

③SNSなどでの炎上や情報漏えいを取消事由にできるか

　具体的に企業名の明示があり、企業イメージへの影響が大きい場合には内定取消しを検討できるケースもありますが、内定時に誓約書を提出させておくことなどで、こうしたトラブルを未然に防ぐように対処しておくことも大切です。

√3-4

新規採用時の準備内容チェック

☐ 労働条件通知書または労働契約書の作成・交付の準備をしている

☐ 就業規則を交付もしくは周知できる状態にある

☐ 締結済みの労使協定を周知できる状態にある

☐ 入社後ただちに社会保険と雇用保険の加入手続きができるように本人から必要な情報を受領している

☐ 入社と同時に会社に提出してもらう書類（誓約書・身元保証書など）を事前に本人に通知し、速やかに受領することとしている

☐ マイナンバーの確認と本人確認を行なう準備をしている

☐ 外国人労働者については、在留カードで事前に在留資格を確認している

☐ 給与支給の準備のために、所得税の扶養控除等（異動）申告書および給与振込口座申請書を受領している

☐ 勤怠管理システムへの登録や出勤簿を準備している

☐ 入社時の健康診断の準備をしている

📖 必須知識

　入社時には、従業員から受け取るべき書類が多くありますが、会社から交付する書類や周知すべき事項も多いので、モレがないように事前に準備しておきます。

　従業員から提出してもらう書類は、事前に通知しておき、初出勤日にはそろえて提出してもらうようにします。

　就業規則に規定している入社時の提出書類を、決められた期日どおりに提出するという行為は、入社した人が会社との約束を履行する最初の行為にもなりますので、事前の準備を徹底しておきましょう。

▶入社時の提出書類の一例

①誓約書

　誓約書の提出は必須ではありませんが、入社する人の自覚を促す一定の効果があり、入社後のトラブル防止にもつながります。

　秘密保持義務や競業避止義務に関すること以外にも、配置転換や出向に関する同意など、就業規則に規定していることの包括的同意を得ることで、労働契約内容とすることを明確にします。

　そのほか、定期健康診断の結果を医療機関から直接受領する会社は、入社時にその同意を得ておくことのほか、**健康情報を取り扱う目的等**を本人に通知し、同意を得ることが必要になりました（労働安全衛生法の改正および「労働者の状態に関する情報の適正な取扱いのために事業者が講ずべき措置に関する指針」より）。

②身元保証書

　身元保証書も任意の提出書類ですが、提出してもらう場合は書面で作成し、期間を定める場合は5年以内とします。なお、従業員の勤務地が変更となる場合は、使用者は身元保証人にその旨、通知しなければならない義務があります。

✓3-5
試用期間と本採用拒否に関する チェック

☐ 試用期間の長さ、試用期間の延長・短縮の有無などの運用について、就業規則その他これに準ずるものに規定している

☐ 試用期間を著しく長く設定していない（目安は３～６か月程度で、最長でも１年以内）

☐ 本採用を拒否する場合、試用期間の開始後14日を経過したときは（会社が定める試用期間がそれ以上の期間であっても）、30日前までの解雇予告もしくは解雇予告手当を支給している

☐ 本採用しない場合は、就業規則等に採用を取り消すという規定がされていても、本採用拒否は解雇に該当するため、本採用拒否となる要件を具体的に定めている

☐ 試用期間中に指導しても改善の見込みがない場合に限り、「従業員として不適格である」と判断することを可能としている。したがって、あくまでも会社が試用期間中に必ず指導を実施していることを前提としている

☐ 就業規則その他これに準ずるものにより規定している場合に限り、試用期間の延長を可能としている

必須知識

　試用期間とは、期間の定めのない雇用契約を結ぶ従業員に対して、3か月や6か月など一定の決まった期間を定めて、「従業員として適格であるかどうかを判断する期間」をいいます。

　この試用期間中に、会社は従業員の勤務態度や能力、資質、知識、性格、健康状態などを観察・調査し、正式に社員として採用するかどうかを判断します。会社によっては、「見習い期間」や「仮採用」などと異なる名称で運用している場合もありますが、試用期間と同じ取扱いとなります。

　試用期間は、**労働者にとっては不安定な雇用期間**となるため、会社は就業規則等で具体的な期間や運用方法を定めておく必要があります。

　また、会社は試用期間中に社員として適格であるか否かを判定するためにも、適格性を欠く行動や事実があった場合は、しっかりと指導して**本人に改善する余地を与える**ことが大切です。

　指導をしても改善の見込みがないという事実を重ねることで、本採用しないという判断が可能となる材料のひとつとなります。

　特に、役職者の中途採用を行なう場合、会社側が一定の能力や業績に期待して採用したにも関わらず、実際の働きぶりを見ると評価が異なるというトラブルが多いので、試用期間中の適格性の判断基準をできる限り具体的にし、従業員と共有しておくと安心です。

　なお、試用期間の延長や短縮を行なうことがある場合は、必ず就業規則等に規定し、人によって異なる運用をすることがないようにします。特に、試用期間の短縮など、本人にとって有利なことであれば規定していないことでもいいのではないか、と考えがちですが、公平性の観点からも望ましくはありません。

目に見えない採用費用に注意を！

　現在、多くの会社が人手不足と感じている状況のなかで、人材の確保は難しくなっています。そのため、募集要領を工夫したり、労働条件の見直しをする会社が増えました。

　もちろん、応募がないと人は採用できないので、入社という入口の条件を向上させることや、条件の表現方法を工夫することも大変重要ですが、実は早期退職してしまう人が多い会社は、他に見直すべき事項もあるということを認識しなければなりません。

　労働基準法では、労働条件は労使が対等な立場において決定すべき（同法第2条）と謳われていますが、実際には会社が労働条件を決めて募集要領を作成し、その条件に同意可能な労働者が応募して採用となる流れが一般的です。

　したがって、最初に会社が明確に労働条件を明示していないと、結果的に入社後しばらくした後に、退職してしまうということが発生してしまいます（ここでいう労働条件とは、労働時間や賃金だけではなく担当する職務なども含みます）。

　社員がなかなか定着せず、早期に退職してしまう人が多い会社は、実は目に見えない労務コストが莫大になっていることを意識して、採用時のミスマッチをなくし、入社後の教育に力を入れることも検討することをお勧めします。

　採用コストは、利用した外部組織に支払う金額だけではなく、採用に携わる社員のコストや入社後の教育を担当する社員のコストもあるので、採用の回数を重ねると莫大なものとなります。

　採用業務の生産性向上のためにも、ミスマッチを防ぐための明確な労働条件の明示と職務内容の説明のほか、企業の価値観なども伝えていくことに力を注ぐこともぜひ検討してください。

4章

退職手続きのポイント

退職時はトラブルになりやすいので、確実に手続きをこなしましょう。

イントロ チェックを始める前に…

労働契約の終了には
いろいろな種類がある

　労働契約の終了には、いくつかパターンがありますが、それぞれに法令上の制限があり、留意しておくべきことが多くあります。
　手続き上は、雇用する際の制限よりも労働契約の終了における制限のほうが多いことが特徴といえます。それをよく理解したうえで、退職時の手続きを行なっていく必要があります。

▶労働契約終了の種類
①当然退職
　定年などの一定事由が発生すると、当然に労働契約が終了するケースがあります。定年のほか、「契約期間満了」「死亡」なども含まれます。

②合意退職
　労働者が退職の申込みをし、使用者がそれを承諾する形による双方合意による契約終了のほか、使用者からの退職勧奨から労働者が退職の申込みという流れで合意退職するというケースもあります。

③辞　職
　労働者からの一方的な意思表示によって労働契約が終了するものです。結果的に使用者が承諾する場合が多いため、合意退職と区分して規定化していない会社も多いです。

④解　雇
　使用者側による労働契約の解消をいい、次にあげるような種類があります。

● 普通解雇

労働者の責めに帰すべき事由によって、債務不履行状態にある労働者に対して、使用者から一方的に労働契約を終了させることをいいます。

● 整理解雇

経営上の理由により、使用者から一方的に労働契約を終了させることをいいます。具体的には、事業場の閉鎖や事業規模の縮小などによる人員削減などが理由としてあげられます。

● 懲戒解雇

労働者による重大な企業秩序違反行為に対して、その罰として使用者から一方的に労働契約を終了させるものです。

●雇止め

有期雇用契約が締結されている労働者に対して契約更新を拒絶する場合で、**解雇権濫用法理**が類推適用されるものをいいます。

解雇権濫用法理とは、解雇に合理的な理由がない場合には、その解雇は権利の濫用として無効であるというもので（労働契約法第16条）、雇止めの場合には、この規定が類推適用されるということです。

√4-1

退職に関するチェック

□ 「退職」と「解雇」に明確に分類して就業規則等で規定している

□ 従業員から退職の申し出をする場合、退職希望日の何日前までに届出をするかのルールを決めている

□ 退職の申し出は口頭でも成立するが、手続き上の問題とならないように書面で提出してもらうこととしている

□ 退職届の提出を受けてから、退職届受理承認書を発行している

□ 従業員には退職前までに引き継ぎをする義務があり、業務に支障がでないようにしなければならないことを定めている

□ 一定期間、行方不明となった場合には、退職となることを規定している

POINT

退職と解雇は次のように分類できます。

退職…①辞職、②契約期間満了・休職期間満了

　　　③合意退職、④定年退職、⑤本人の死亡による退職

解雇…①普通解雇、②整理解雇、③懲戒解雇、④本採用拒否

📖 必須知識

　労働契約の終了には、会社から一方的な意思表示により労働契約を終了させる「**解雇**」と、辞職、合意退職、契約期間満了、定年、死亡などによる「**退職**」の2種類があります。それぞれ意味合いが異なるので、明確に分類して運用を行ないます。

　厳密にいうと、労働者が退職したいと考えて退職届（会社によっては退職願）を提出して、それを会社が受理して退職が決定する場合（**合意退職**）と、労働者が一方的に労働契約を終了させる**辞職**とは異なりますが、同じ**自己都合退職**というくくりで扱っていることもあるでしょう。

　基本的なルールとしては、労働者が申し出て一方的に退職するということではなく、退職届を書面で提出してもらうことで退職の申し出とし、会社側は退職届受理承認書を発行することにより退職を確定させる、という運用ができれば確実です。

　また、契約期間満了、定年退職、死亡など、労働者本人の意思とは関係なく自動的に契約終了となる退職には、どのような状況の場合が該当するのかということを就業規則等に規定しておきます。休職期間満了の場合も、解雇ではなく「退職」となることを定めておきます。

　実際に運用していくなかで、退職として取り扱ってよいのか困ることの一つに、従業員と連絡が取れなくなり無断欠勤が続くケースがあります。

　この場合は、行方不明で一定期間経過した場合には、当然に退職となるように規定しておきます。無断欠勤が続くことにより、解雇としたくてもその従業員と連絡がとれないと、解雇手続きを進めることは非常に困難になるため、「黙示の辞職の意思表示」があったとみなして、退職手続きができるようにしておきます。

✓4-2

雇止めに関するチェック

☐ 期間の定めのある労働契約を締結する場合は、契約更新の有無と契約更新する際の判断基準を明示している

☐ 「契約更新の有無」の具体的な明示例として、労働契約書等に次のように記載している
　①自動的に更新する
　②更新する場合があり得る
　③契約更新はしない

☐ 「判断の基準」の具体的な明示例として、労働契約書等に次のように記載している
　①契約期間満了時の業務量により判断する
　②労働者の勤務成績、態度により判断する
　③労働者の能力により判断する
　④会社の経営状況により判断する
　⑤従事している業務の進捗状況により判断する

☐ 期間の定めのある労働契約を締結した場合は、やむを得ない事由がない限り、期間満了まで労働者を解雇していない

☐ 期間の定めのある労働契約を更新しない場合は、少なくとも期間が満了する30日前までに、雇止めの予告をしている（ただし、あらかじめ契約更新しないと明示している場合を除く）

☐ なるべく早く雇止めの見極めと準備を始め、更新しない旨はなるべく早く伝えている

☐ 期間の定めのある労働契約を1回以上更新し、かつ1年を超えて雇用している労働者との契約を更新しようとする場合は、契約実態およびその労働者の希望に応じて契約期間をできる限り長くするように努めている

必須知識

　期間の定めのある労働契約を締結している場合は、正社員のような期間の定めのない労働契約にはない「**契約更新**」に関する情報を明示しなければなりません。

　契約更新の有無と**その判断基準**を労働条件通知書や労働契約書に明記することを忘れないようにしましょう。

　また、有期労働契約を締結している場合は、労働者と使用者の双方とも「**やむを得ない事由**」があるときに限り、期間の途中で契約の解除ができるというルールが原則ですが、実態としては、労働者側から一身上の都合による契約解除を申し出て、会社側が退職を認めるというケースが多いです。

　有期労働契約は、使用者が更新を拒否したときは、契約期間の満了により雇用が終了します。これを「**雇止め**」といいます。

　雇止めについては、最高裁の判例で確立した内容が法律に規定されて、一定の場合には使用者による雇止めが認められないというルールができました（労働契約法第19条）。

　具体的には、次の①、②のいずれかに該当する有期労働契約の場合に、使用者が雇止めをすることが「客観的に合理的な理由を欠き、社会通念上相当であると認められないとき」は雇止めが認められないというものです。

①過去に反復更新された有期労働契約で、その雇止めが無期労働契約の解雇と社会通念上同視できると認められるもの

②労働者において、有期労働契約の契約期間の満了時に当該有期労働契約が更新されるものと期待することについて「合理的な理由」があると認められるもの

　また労働契約法では、有期労働契約が繰り返し更新されて**通算5年**を超えたときは、労働者の申込みにより、**期間の定めのない労働契約に転換**となるというルールもあります。

√4-3

解雇に関するチェック

☐ 解雇制限期間中の労働者でないか確認している

（「解雇制限期間」とは、以下のとおり。

　　①業務上の疾病・負傷による休業期間中および復職後30日以内

　　②産前産後休業期間中および復職後30日以内）

☐ 以下の解雇禁止となる解雇事由でないか確認している

　　①不当労働行為となる解雇

　　②国籍、信条を理由とする解雇

　　③監督機関等行政機関に対する申告・申し出を理由とする解雇

　　④性別を理由とする解雇

　　⑤婚姻、妊娠、産休、育児・介護休業および育児・介護関連措置の利用を理由とする解雇

　　⑥妊娠中および出産後１年以内の女性の解雇

　　⑦労基法等の手続保証についての不同意や過半数代表者への不利益取扱いの解雇

　　⑧公益通報をしたことを理由とする解雇

☐ 解雇事由を就業規則等で定めている

☐ 就業規則等で解雇の手続きを定め、その手続きを遵守している

☐ 解雇の30日前に予告するか、解雇予告手当を支払うこととしている

☐ 解雇事由には客観的に合理性があり、社会通念上も相当であることを確認している

📖 必須知識

解雇とは、会社が一方的に労働契約を解除することであり、実際に解雇される労働者にとっては生活に大きな影響があることから、労働者保護の観点からも解雇に関しては法律上の制限が多くあります。

まずは、労働者の重大な非行を理由とする懲戒解雇であっても解雇はできない「**解雇制限期間**」があります（左ページ参照）。この例外としては、業務上災害の療養開始後3年以上経過した後に使用者が打切り補償を支払う場合（労災保険の傷害補償年金を受ける場合も同様）と、天災事変その他やむを得ない事由のために事業の継続ができない場合があります。

また、禁止されている解雇事由もあるので（左ページ参照）、具体的な解雇事由を必ず確認する必要があります。

解雇が有効であるためには、次の要件をすべて満たさなければなりません。
①就業規則等で定められた解雇事由にあてはまるのか
②就業規則等で定められた解雇の手続きどおりに進めているか
③解雇制限期間中の労働者ではないか
④解雇禁止事由ではないか
⑤解雇事由は相当であるか
⑥30日前に解雇予告をしたか、もしくは解雇予告手当を支払うか

なお、解雇事由が相当であるかどうかという点については、「普通解雇」「整理解雇」「懲戒解雇」の種類によって、さらに具体的に必要な要件があります（次ページ以降参照）。

✓4-4

普通解雇の要件チェック

☐ 労働者側に原因がある解雇事由を就業規則などで定めている

☐ 労働者側の債務不履行や不完全履行が継続したことによる場合は、労働契約の解除としている

☐ 普通解雇事由とは次のような事由であり、就業規則等に例示列挙されている
　①勤務態度、勤務成績の不良
　②精神または身体の疾病または障害
　③業務上の命令違反
　④無断欠勤、職務上の義務不遵守
　⑤社員としての協調性の欠如
　⑥経歴詐称

☐ 勤務態度、勤務成績の不良により解雇するときは、その従業員に対して上司などの管理者が再三指導していることを前提としている

☐ 再三の指導を受けているにも関わらず、その従業員に改悛の見込みがないときに限り、解雇することとしている

📖 必須知識

　労働契約は、労働者が労務を提供し、使用者が賃金を支払うことで成立しています。したがって、その労務の提供が債務不履行や不完全履行となった場合は、労働契約を継続することはできないので、契約を解除することになります。これが**普通解雇**です。

　つまり、労働契約が成立している限り履行しなければならないことが履行できない、あるいは履行が不完全であることが普通解雇の事由となるわけです。この場合の解雇事由は、例示列挙の形でよいですが、就業規則にきちんと規定する必要があります。

　勤務態度や勤務成績が不良である場合、現場ではなかなかこまめに指導ができていないことが多くあります。しかし、現場の上司などの管理者が放任し黙認していた場合は、労働者本人に不良であることがまったく伝わっていないことにもなり、改善のチャンスがない状態になってしまいます。

　したがって、現場では**確実に指導を繰り返し行ない、改悛のチャンスを与える**ことが大切です。会社側が指導をしていたかどうかという点を立証するためには、「指導書」などを活用して書面で記録を取っておくことも一案です。

　中途採用の場合に多くあるケースとしては、採用面接のときに本人から申請があった業務経験や能力が、実際にはまったく発揮できないということがあります。この場合に会社側としては、試用期間満了のタイミングで本採用をしない取扱いとしたいかもしれませんが、入社時および試用期間中に、具体的に確認や指導をしていないと、なかなか**本採用拒否**はしづらくなります。

　本採用拒否は、通常の普通解雇よりは厳格な適用制限はありませんが、トラブルを防止するためには、入社時に求める能力や役割について具体的に明示し、試用期間中には面談を重ねて相互に状況を把握しながらすすめることが望ましい運用です。この場合にも、日々の指導をしっかりしておくことが重要となります。

✓4-5

整理解雇の要件チェック

☐ 整理解雇する場合に正当な理由となる要件は、次の４つの要素としている
　①人員整理の必要性
　②解雇回避の努力
　③対象者選定の合理性
　④手続きの妥当性

☐ 整理解雇をする前に、人員整理を避けるために可能なあらゆる努力をしている

☐ 整理解雇をする理由は、会社の合理的な運営上やむを得ない必要性がある場合（危険防止型）や経営上の必要性が認められること（倒産回避型）である

☐ 整理解雇の手続きについては、対象者の人選の合理性を考慮するほか、希望退職募集をするなど可能な範囲の配慮を実施している

☐ 整理解雇対象者の基準としては、解雇しても生活への影響が少ない者や会社再建のために貢献することが少ない者、会社への帰属性のうすい者、などとしている

📖 必須知識

　整理解雇とは、会社が業務縮小や部門の閉鎖などにより人員整理が経営上必要となったときに行なう解雇のことです。この整理解雇は、労働者の責めに帰すべき事由ではなく、会社側の経営上の理由によって行なうものであるため、要件としては厳しくなり、左のチェックリストにある4つの要素が求められます。

　会社には、採算を無視してまで事業活動および雇用継続を負う義務があるわけではないので、一定の手続きを踏めば整理解雇が可能となるとはいえ、以下の要素について厳しく判断されます。

①人員整理の必要性

　事業の縮小、合理化計画を実施することが経営上、十分な必要性にもとづいていることであり、やむを得ない手段であることが必要です。

②解雇回避の努力

　人員整理を行なう以前に、人員の配転、出向、希望退職募集などの他の手段により解雇を回避する努力をしていることが必要です。たとえば、新規採用は続けているのに人員整理をするなどという、つじつまが合わないことは行なわないようにします。

③対象者選定の合理性

　整理解雇の対象者の選定にあたっては、合理的、客観的な基準をもとに決めて、公正に適用して行なうことが必要です。

④手続きの妥当性

　労働組合や労働者に対して、整理解雇の必要性、時期、方法などを確実に説明し、誠意をもって協議する必要があります。

√4-6

懲戒解雇の要件チェック

☐ 懲戒事由および懲戒解雇事由を就業規則等で定めている

☐ 懲戒については、懲戒の種類と懲戒事由を定めている

☐ 懲戒解雇事由は、就業規則等で限定列挙されている

☐ 懲戒解雇事由は、労働者の責めに帰すべき事由であり、かつ重大または悪質なものであることとしている

☐ 解雇予告をせずに、または解雇予告手当を払わずに懲戒解雇する場合は、事前に所轄の労働基準監督署長に解雇予告除外認定の申請をしている

必須知識

懲戒解雇は、労働者への制裁として最も重大な処分であり、課すことができる最高の処分として労働関係が終了するものです。したがって、普通解雇よりも厳しい規制があり、実施にあたっては慎重に行なう必要があります。

懲戒解雇は、所轄の労働基準監督署長に解雇予告除外認定の申請をして認定を受け、即時解雇する方法と、予告除外認定は受けずに30日前に予告をするか、解雇予告手当を支給して解雇する方法のいずれかで行ないます。

解雇予告除外認定が妥当かどうかは、総合的にかつ実質的に判断されますが、具体的なケースが以下のように例示されています（昭23.11.11基発第1637号、昭31.3.1基発第111号）。

①軽微なものを除き、事業場内における盗取、横領、傷害などの刑法犯に該当する行為があった場合
②盗取、横領、傷害などの刑法犯またはこれに類する行為の場合で、一般的にはきわめて軽微な事案であっても、使用者があらかじめ不祥事防止のための手段を講じていたことが認められ、なお労働者が継続的にまたは断続的に行なっていた場合
③事業場外で行なわれた盗取、横領、傷害などの刑法犯に該当する行為であっても、会社の名誉もしくは信用を失墜するものと認められる場合
④賭博などにより職場規律を乱し、他の労働者にも悪影響を及ぼす場合
⑤雇入れ時に採用条件の要素となるような経歴詐称
⑥無断かつ背任的な二重就職
⑦原則として2週間以上、正当な理由なく無断欠勤し、出勤の催促に応じない場合
⑧出勤不良または出欠ままならず、数回にわたって注意を受けても改めない場合

√4-7

退職勧奨の運用チェック

☐ 従業員に対して退職をすすめる行為をする場合、従業員本人の自由な意思は確保されている

☐ 執拗に勧奨行為を繰り返し、半強制的な勧奨とならないように注意して行なっている

☐ 本人が退職の意思がないことを表明した後にも、たびたび退職勧奨をしていない（新たな退職条件を提示するなどの特段の事情がある場合を除く）

☐ 従業員本人が退職勧奨に応じて退職となる場合は、合意退職として処理している

☐ 結婚・出産をする女性を対象とした退職勧奨は行なっていない

☐ 退職勧奨する際に、従業員を誹謗中傷するような発言はしていない

☐ 退職勧奨する際に、嘘をついて辞表を書かせたりはしていない

必須知識

　退職勧奨とは、労働者に対して退職を促す行為のことで、勧奨に応じるかどうかは労働者の自由であり、退職勧奨すること自体には法的制限はありません。

　また、労働者が退職勧奨に応じて労働契約が終了することは、合意解約となり解雇ではないので、もちろん解雇に関する法的な制限の適用を受けることもありません。

　日本の法律では、解雇に関しては厳しい規制がありますが、退職勧奨することは問題ありません。しかし、チェック項目にもあるように、労働者が退職の意思がないことを表明しているにも関わらず、執拗に勧奨行為を繰り返したり、誹謗中傷するような暴言を発したりすることはNGです。

　外資系企業がリーマンショック後に多く行なっていた勧奨方法に「**ロックアウト型退職勧奨**」というものがあります。

　これは、ある日突然、労働者を呼び出し、退職勧奨をしますが、それを拒否した場合には**自宅待機**を命じて、給与は全額支払います。そして、退職の時期が遅くなるほど、退職金の上積み額が減額していくような条件が提示されるため、最終的には労働者が退職勧奨に応じて退職するというやり方です。

　会社は、賃金を支払っていれば、労働させずに自宅待機としていても、そのこと自体に問題はありませんので、退職勧奨した後の労働者をオフィスに立ち入りできないようにして、リストラを実行していくという方法でした。

　これは、極端なケースですが、退職勧奨をして退職が決まった場合には、会社の機密情報にアクセスできないようにすることで情報漏えいを未然に防ぐなどといった対策が必要な場合もあります。

✓4-8
定年退職と継続雇用に関する取扱いチェック

☐ 定年の定めをしている場合の定年年齢は、60歳を下回っていない

☐ 65歳未満の定年を定めている場合は、次のいずれかを講じることとしている
　①65歳までの定年年齢の引上げ
　②定年後も引き続き65歳まで雇用する制度の導入
　③定年の定めの廃止

☐ 定年退職となる日を明確に規定している

☐ 定年後の継続雇用制度では、継続雇用をしようとするときに就業規則等で定める解雇または退職事由に該当する場合は、継続雇用をしないことができるとしている

☐ 継続雇用となった場合の賃金等の詳細な労働条件を就業規則等で具体的に定めていない場合は、定年前と異なる労働条件を提示することは問題ないと認識している

☐ 期間の定めのある雇用形態の場合は、定年の定めはない

☐ 定年になる対象者に対しては、事前に案内・説明を行なっている

📖 **必須知識**

　定年とは、一定の年齢に達したことにより労働契約が終了する制度で、会社が定年制を導入する場合は、60歳を下回る年齢を定めることはできません。

　また、定年年齢を65歳以上としていない場合は、65歳まで引き上げるか、継続雇用するか、定年制度自体を廃止するか、いずれかを実施することが必要です。

　就業規則等で定年年齢を定める際は、**定年退職となる日**について明確に規定しておきます。高年齢者雇用安定法では、定年は60歳を下回ることはできない、とされているので、満60歳の誕生日の前日（60歳到達日）に退職する、と規定するのはかまいません。そのほか、定年退職日については、次のような日を規定することも考えられます。

- 満60歳の誕生日
- 満60歳の誕生日の属する月の月末まで
- 満60歳の誕生日後の最初の賃金締切日まで
- 満60歳の誕生日の属する年度の末日（たとえば、会社の事業年度が４月～３月で、８月生まれなら翌年３月31日付）

　なお、定年後に１年単位の雇用期間を定めて再雇用契約を締結する労働者は、**嘱託**などの別の雇用区分を適用して労働条件を整備しておきます。この場合、正社員の就業規則を適用することはできないので、別途、有期雇用契約である嘱託社員の就業規則を作成することになります。

退職の次にあるキャリア

　私は転職を数回した後に社会保険労務士として独立したのですが、社労士として仕事をするにあたって、それまでのキャリアが大きな影響を与えていると感じています。

　退職したどの会社とも、私はたまたま円満退職をすることができたので、当時の同僚や上司とも継続してお付き合いがあり、いまでも多くの知恵やご縁をいただいています。

　1社しか経験していないと、その会社が自分の「普通」の基準となってしまうので、なかなか柔軟な思考を働かせることは難しいですが、複数社の勤務経験があると、多少は幅広い視野で考えることができるかもしれません。

　だからといって、転職を勧めているわけではありませんが、意外と自分が経験している範囲は狭く、世の中には多様な価値観があることに気づかされることが多いものです。

　キャリア理論のなかに「計画的偶発性理論」という考え方があります。これは、個人のキャリアの8割は予想しない偶発的なことによって決定されるという考え方で、偶然を計画的に設計して前向きに自らのキャリアをよいものにしようという前向きな考え方です。

　もちろん、退職のほとんどは、偶然に起きるものではないのですが、さまざまなキャリアのなかでどんな理由で退職する場合でも、その後に活かせる退職であれば、本人にとっては幸せな退職になるはずです。

　前向きな退職ばかりがあるわけではありませんが、会社の対応が原因でトラブルになってしまわないように、会社がすべきことは確実にできるように、退職事象別に整理して理解していただければと思います。

5章

就業規則、労働契約書の作成ポイント

いずれも重要なものですから、十分に注意して作成しましょう。

イントロ チェックを始める前に…

労働契約や労使協定を結ぶ際に重要となるものは？

労働契約は、労働者と使用者とで個別に契約の締結をすることから始まりますが、その労働契約上の唯一の根拠となるものは、適用される**就業規則**や**労働契約書**です。

したがって、労働契約を締結するにあたり、就業規則を定めることと個別の労働契約書を締結することは大変重要となるので、その内容と運用には十分に注意しましょう。

就業規則、労働契約と法令の関係を示すと、下図のようになります。

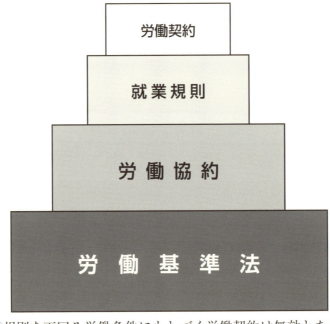

就業規則を下回る労働条件にもとづく労働契約は無効となります。また、就業規則に定めていないことは、労働協約や労働基準法に準じることになります。

▶労使協定、労働協約とは

全社員に適用する就業規則と従業員1人ひとりとの個別の労働契約のほかに、「**労使協定**」と「**労働協約**」があります。

労使協定とは、事業場ごとに、労働者の過半数で組織する労働組合がある場合はその労働組合、労働者の過半数で組織する労働組合がない場合は労働者の過半数代表者との間で交わす書面による協定のことです。一方、労働協約とは、労働組合と使用者との間で締結される書面協定のことをいいます。

▶労使協定を結ぶ効果

労働基準法で定められているルールを実行するためには、労使協定の締結が求められているものが多くあります。最も知られているものは、時間外労働と休日労働に関する労使協定で、「３６（さぶろく）協定」と呼ばれているものです。

労使協定には、使用者と労働者の多数派との合意により、労基法等が強行法規として規制している行為について、法律違反とならなくする効果があり、規制を解除する効果があるものです。このように、罰則の適用を免れることを「**免罰的効果**」といいます。

労使協定はこのようなしくみとなっているため、それぞれの場面で必要とされる労使協定が有効になっているかどうかが、重要な問題となるケースがたくさんあるわけです。

労使協定の種類によっては、労働基準監督署への届出が不要のものもありますが、いずれにしても締結後に労働者に周知しなければ無効となってしまうので、確実に周知することが必要です。

√5-1

就業規則の作成・届出・周知に関するチェック

☐ 常時労働者が10人以上いる事業場（場所単位）は、就業規則を作成して労働基準監督署に届け出ている

☐ 常時労働者が10人以上いる事業場（場所単位）は、すべての雇用形態に適用する就業規則の作成・届出をしている

☐ 常時労働者とは、正社員や契約社員、アルバイトなど雇用形態に関わらず（ただし、派遣労働者は除く）、常態として雇用（所属）している労働者のこととし、所定労働時間の短い者も含めている。

☐ 労働基準監督署に届出をする際には、労働者代表の意見を聞いて、その意見書を添付している

☐ 次の事項について、就業規則に必ず規定している

①始業および終業時刻、休憩時間、休日、休暇

②賃金（臨時の賃金等を除く）の決定、計算および支払いの方法、賃金の締切りおよび支払いの時期ならびに昇給に関する事項

③退職（解雇事由も含む）

☐ 次のルールが決まっていれば、就業規則に規定している

①退職金制度

②賞与

③従業員に食費、作業用品などの負担をさせる定め

④安全衛生に関する定め

⑤職業訓練に関する定め

⑥災害補償、業務外傷病の補助の定め

⑦表彰、懲戒の定め

⑧その他、全従業員に関する事項

☐ 就業規則を適用されるすべての従業員に周知している

📖 必須知識

　就業規則は、労働基準法第89条でその作成と届出に関する義務が規定されており、**常時労働者が10人以上の事業場には作成および届出義務**があります。

　ここで「事業場」とは、会社や法人単位ではなく、場所単位のことをいうので、たとえば支店や店舗などの出先機関があり、その支店等の常時労働者が10人以上となった場合は、その場所の所轄の労働基準監督署に届出をする必要があります。

　就業規則は、社内のルールブックであると同時に、労働条件として約束している内容を規定しているものでもあり、労働基準法で定められている条件は必ず満たさなければなりません。法律以上の条件を規定する場合は、必ず約束できる範囲を見極めて内容を決めていく必要があります。つまり、法定以上の「できない約束」はしないようにします。

　就業規則の作成と届出義務のある事業場については、労働基準法に定める必要事項をすべて規定しなければなりません。

　また、複数の雇用形態がある場合は、すべての雇用形態について適用する就業規則が整備されていなければならないため、正社員分だけがあって、アルバイト分については個別に労働契約書を締結するのみで適用される就業規則がないということであれば、作成・届出義務違反となります。ちなみに、就業規則の作成・届出義務違反は30万円以下の罰金という罰則があります。

　就業規則を新規に作成する場合だけではなく、実態が変わっているにも関わらず就業規則を変更せず、または変更しても届出をしていない場合も同様に作成・届出義務違反となります。

　なお、就業規則は作成して**労働者に周知することにより有効となる**ので、しっかりと労働者に説明し周知することが大切です。

√5-2

労働契約締結に関するチェック

☐ 労働契約を締結するときは、労働条件通知書もしくは労働契約書の形式の書面で労働条件を明示している

☐ 労働条件に関する次の項目については書面等で交付している
　①労働契約期間
　②期間の定めのある契約を更新する場合の基準
　③就業場所・就業すべき業務　　④労働時間に関する事項
　⑤賃金に関する事項　　⑥退職に関する事項（解雇の事由を含む）

☐ 労働契約の不履行についてあらかじめ違約金を定めたり、損害賠償額を予定する契約をしていない

☐ 労働基準法の規定に達しない労働条件を定めた労働契約は、その部分については無効となり、その部分は労働基準法の定めた基準となることを知っている

☐ 労働契約期間を定める場合は、3年を超える期間の締結はしない（例外あり…POINT参照）

☐ 明示した書面は、労働者の退職・解雇・死亡から3年間保存している

POINT

　上限3年の特例とは以下のとおりです。
①専門的な知識、技術または経験があり高度なものとして厚生労働大臣の定める基準に該当する専門的知識を有する労働者 → 上限5年
②満60歳以上の労働者 → 上限5年
③有期の建設工事などの一定の事業の完了に必要な期間を定める労働契約 → その期間

📖 必須知識

労働条件を明示する方法としては、個別に労働条件通知書を交付したり、労働契約書を締結することが最もわかりやすい方法ですが、雇い入れるときは、原則として書面による交付が必要です。ただし、2019年4月からは、本人の希望があれば、ファクシミリやメールによる送付も可能となりました。

―【書面交付時に必要な項目のチェックポイント】――――

①**労働契約期間**

期間の定めがない場合は「期間の定めなし」であることを明示します。

②**労働時間に関する事項**

所定労働時間数だけではなく、具体的な始業時刻・終業時刻のほか、所定労働時間を超える労働の有無、休憩時間、休日・休暇についても明示します。

③**賃金に関する事項**

退職金を除く賃金の決定、計算および支払い方法、賃金の締切および支払いの時期について明示します。

④**退職に関する事項（解雇の事由を含む）**

退職の事由とその手続き、また解雇の事由とその手続きについても明示します。

✓5-3
パートタイム、有期雇用労働者の労働契約締結に関するチェック

☐ 社内で定めている雇用形態の名称に関わらず、次の事項については パートタイム・有期雇用労働法を適用すると判断している
①所定労働時間がフルタイム勤務の人より短い→パートタイム
②雇用契約の定めがある→有期雇用

☐ パートタイム・有期雇用労働法の適用を受ける労働者の労働条件通知書または労働契約書には、次の事項を明記している
①昇給の有無
②退職手当の有無
③賞与の有無
④雇用等に関する相談窓口

☐ 有期雇用の労働者の労働条件通知書または労働契約書には、次の事項を明記している
①契約期間
②契約更新の有無
③更新の判断基準

☐ 所定労働時間が短い場合であっても、労働条件通知書または労働契約書には、所定労働時間（始業時刻・終業時刻）を明記している

108

📖 必須知識

　パートタイム労働法が改正になり、2020年4月1日から有期雇用者にも適用されるようになります。それに伴って法律の名称も「**短時間労働者の雇用管理の改善等に関する法律**」（パートタイム労働法）から「**短時間労働者及び有期雇用労働者の雇用管理の改善等に関する法律**」に変更になります。ここでは「**パートタイム・有期雇用労働法**」として説明します。

　今回の改正のポイントは、正社員（無期雇用フルタイム労働者）と非正規社員（短時間労働者・有期雇用労働者・派遣労働者）の処遇差があれば、それらを改善することが求められるようになるということですが、まずは誰がその対象となる非正規社員に該当するのかどうかを正しく認識し、それぞれの処遇についても整理をしておくことが必要です。

　労働契約を締結するにあたっては、まず左ページのチェックリストにあるように、短時間労働者だから、有期雇用労働者だから、という通常の無期雇用フルタイム労働者である正社員には必須になっていない事項も、確実に契約書に明示して労働契約を締結するようにしてください。

　なお、正社員と非正規社員との処遇の差については、制度として見直す必要がありますが、定年再雇用者の処遇についても（有期雇用労働者であるため）検討する必要があります。

▶「処遇」とは何か

　処遇というのは、①基本給、②賞与、③各種手当だけではなく、④福利厚生・教育訓練についても、考慮しなければなりません。

　「福利厚生」には、食堂、休憩室、更衣室といった福利厚生施設の利用のほか、転勤者用社宅、慶弔休暇、健康診断による勤務免除、有給休暇の保障などのほか、病気休職、法定外の有給休暇、教育訓練などについても含まれます。

√5-4

定年と継続雇用（再雇用）の
労働契約チェック

☐ 定年制度を定めている場合は、定年年齢は60歳を下回っていない

☐ 65歳未満の定年制度を定めている場合は、65歳までの雇用確保措置として継続雇用（再雇用）制度を導入し、就業規則等で定めている

☐ 定年後再雇用の対象外となるのは、就業規則の解雇事由や退職事由に該当する場合に限っている

☐ 就業規則等で定めている運用どおりに、定年になる前に定年後再雇用の労働条件を提示し、話し合いの場を設けている

☐ 定年後再雇用の際の労働契約については、労働条件通知書の明示もしくは労働契約書の締結をしている

☐ 定年後再雇用となった労働者に適用される就業規則その他これに準ずるものを別途作成している

☐ 定年後再雇用の労働条件は、定年前の労働条件とは関係なく個別に定めている

☐ 定年後の継続雇用（再雇用）を5年以上継続することがある場合は、無期転換申込権が発生しない特例の申請（第二種計画決定・変更申請書を労働局へ申請して決定を受けること）を行なっている

110

📖 必須知識

　高年齢者雇用安定法の定めにより、平成10年から定年の定めをする場合は、60歳を下回ることはできないと義務づけられました。さらに、65歳未満の定年制度を定めている会社に対しては、**①定年年齢の引上げ**、**②継続雇用制度の導入**、**③定年の定めの廃止**のいずれかを選択することが義務づけられています。

　そこで、多くの会社が60歳の定年を定め、65歳までの継続雇用制度を導入しています。

　定年退職後に、すぐに再雇用契約を締結することで継続雇用とする制度が一般的ですが、再雇用後は1年単位の有期雇用契約とし、「嘱託社員」など別の雇用形態とするケースが多いです。

　また、高年齢者雇用安定法では、継続雇用制度において定年退職者の希望に合致した労働条件で再雇用することまでは義務づけていないので、会社側の裁量の範囲で条件を提示し、合意を得ることができれば継続雇用するという運用で問題ありません。

　なお、平成25年4月1日施行の改正高年齢者雇用安定法では、継続雇用制度の対象者を労使協定の締結により限定できるしくみが廃止されたほか（ただし経過措置あり）、継続雇用制度の対象者を雇用する会社の範囲がグループ会社とされる**特殊関係事業主**まで拡大されました。

　この特殊関係事業主とは、元の事業主の子法人、親法人、関連法人などのことです。

　労働契約法の改正により、有期労働契約が通算5年超で無期転換申込権が発生するようになりましたが、定年再雇用後の有期労働契約については、特例申請することにより権利が発生しないようにすることが可能です。

　65歳を超えても再雇用するケースがある場合は、必要な手続きです。

√5-5

労基署への届出義務がある労使協定等チェック

□ 対象：時間外労働・休日労働が少しでもある事業場
　協定名：「時間外労働・休日労働に関する協定届」（３６協定）

□ 対象：１年単位の変形労働時間制を導入している事業場
　協定名：「１年単位の変形労働時間制に関する協定届」
　添付書類：対象期間における労働日および労働時間が示された
　　　　　　カレンダーおよびシフト表

□ 対象：１か月単位の変形労働時間制を導入している事業場で、
　　　　　常時労働者が１０人未満のため就業規則がない事業場
　協定名：「１か月単位の変形労働時間制に関する協定届」
　添付書類：シフト表

□ 対象：専門業務型裁量労働制を導入している事業場
　協定名：「専門業務型裁量労働制に関する協定届」

□ 対象：企画業務型裁量労働制を導入している事業場
　書類名：「企画業務型裁量労働制に関する決議届」
　　　　　「企画業務型裁量労働制に関する報告」

□ 対象：清算期間が１か月超３か月以内のフレックスタイム制を
　　　　　導入している事業場
　協定名：「清算期間が１か月を超えるフレックスタイム制に関す
　　　　　る協定届」

□ 対象：事業場外の業務であって労働時間の算定が困難であり、
　　　　　通常、所定労働時間を超えて労働することが必要な事業
　　　　　場で、みなし労働時間が法定労働時間（８時間）を超え
　　　　　る事業場
　協定名：「事業場外労働に関する労使協定」

📖 必須知識

　労使協定の締結に際しては、その締結単位は**「事業場」単位**となります。つまり、法人単位ではなく、場所単位で労使協定の締結が必要となります。

　また労使協定は、労働者の過半数で組織する労働組合があればその労働組合、その労働組合がない場合は労働者の過半数代表者と締結することになります。これは、労働基準監督署に届出義務のない労使協定についても同様です。

▶過半数代表者になることができる労働者とは

　過半数代表者には、労働基準法第41条で規定する管理監督者はなることができません。

　管理監督者は、過半数代表者の選出分母の人数には含めますが、過半数代表者にはなれないのです。

▶過半数代表者の選出手続き

　労働者の過半数代表者の選出手続きは、投票、挙手のほかに、話し合いや持ちまわり決議などでもよいのですが、労働者の過半数がその選任を支持していることが明確になる民主的な手続きが必要です。

　したがって、**どの労使協定**の代表者を選出するのかを明らかにして実施される投票、挙手などの方法による手続きによって選出された人でなければなりません。

✓5-6

労基署への届出義務がない
労使協定チェック

☐ 60時間超の時間外労働があった場合に代替休暇制度を導入している事業場
　＜協定で定める内容＞①代替休暇の時間数の具体的な算出方法
　②代替休暇の単位（1日または半日）
　③代替休暇を与えることができる期間（1か月の時間外労働が60時間を超えた月の末日の翌日から2か月以内）

☐ フレックスタイム制を導入している事業場（清算期間が1か月以内の場合）」
　＜協定で定める内容＞2-8項のフレックスタイム制の詳細についてのチェック事項を参照。

☐ 一斉休憩としていない事業場
　（労使協定の締結がなくても一斉休憩ができる業種…運輸交通業、商業、金融・広告業、映画・演劇業、通信業、保健衛生業、接客娯楽業、官公署の事業）

☐ 賃金から所得税、地方税、社会保険料以外のものを控除している事業場
　＜協定で定める内容＞①控除項目の対象となる具体的な項目
　②項目ごとに定める賃金支払日

☐ 年次有給休暇の計画的付与を導入している事業場
　＜協定で定める内容＞6-4項の年次有給休暇の計画的付与の運用についてのチェック事項を参照。

☐ 時間単位の有給休暇の付与を導入している事業場
　＜協定で定める内容＞6-7項の半日年休と時間単位年休の運用についてのチェック事項を参照。

☐ 年次有給休暇手当の支払いに関する協定
　＜協定で定める内容＞年次有給休暇の手当として健康保険法第

3条に定める標準報酬日額に相当する金額を支払うこと。

☐ 育児休業・介護休業の適用除外を協定したい事業場

　＜協定で定めることにより適用除外が可能な対象者＞

①入社1年未満の者（看護休暇、介護休暇については入社後6か月未満の者から可）

②申し出の日から1年以内に雇用契約が終了することが明らかな者

③1週間の所定労働日数が2日以下の者

📖 必須知識

　労使協定の締結単位は「事業場」単位であり、届出義務がある労使協定の場合と同様です。過半数代表者や選出手続きの要件についても同様です。

▶過半数代表者を選出する際にどこまでの人員を考慮するか

　過半数代表者の選出分母には、管理監督者を含めた正社員だけではなく、有期雇用の契約社員やパートタイマー、アルバイトなどのいわゆる非正規社員、そして出向受入者、休職者、在宅勤務者なども含まれます。派遣労働者については、派遣元での人数カウントとなるので、派遣先事業場の人員には含まれません。

▶過半数で組織する労働組合がある場合の注意点

　労使協定はあくまでも、事業場単位で締結するので、その事業場ごとに「過半数で組織する労働組合があるかどうか」を判断することになります。つまり、法人全体で考えると過半数を超えて組織している労働組合であっても、すべての事業場で同じ状況になっていないこともあります。たとえば、非組合員のパートが多い事業場では、労働組合は代表にはなれず、事業場全体での過半数代表者の選任が必要ということもあり得るので注意しましょう。

115

労働条件の明示は書面以外でも可能に

　2019年4月1日から、労働者が希望した場合には、労働条件の明示を書面ではなくFAXや電子メール、SNSなどで明示することも可能となりました（労基法施行規則の改正です）。

　原則は書面交付であることに変わりはないので、本人の希望を確認したうえでの対応となります。

　明示手段は、メールやLINE、メッセンジャーなどのSNSメッセージ機能でも可能ですが、**出力して書面が作成できる**ものに限られます。したがって、ファイルを添付して送り、そのファイルを印刷することができるなどという方法がいいかもしれません。

　これでさらにペーパーレス化が進みますが、労働条件を確認してもらうことがトラブル防止につながるので、重要事項の伝え方には工夫が必要でしょう。

【労働契約の締結時に明示しなければならない事項】
- 労働契約の期間
- 有期労働契約の更新の基準
- 就業場所、従事すべき業務
- 始業・終業時刻、所定労働時間を超える労働の有無、休憩時間、休日、休暇、2交替制等に関する事項
- 賃金の決定・計算・支払方法・賃金の締切・支払時期、昇給に関する事項
- 退職（解雇を含む）に関する事項

6章

休日・休暇、休業・休職の取扱いポイント

それぞれの意味の違いをしっかり理解しておきましょうね。

イントロ チェックを始める前に…

休日・休暇、休業・休職の言葉の定義

働く人によっては、「休日」でも「休暇」でも「休業」でも、「仕事がない日、仕事をしなくてもいい日」として同じような意味に思われるかもしれませんが、労働条件としては取扱いが異なります。

したがって、就業規則や労働契約などでは、正しい用語を使って表現することが大切です。

もちろん、会社で休みの日にユニークな名称をつけることはよいことなのでお勧めですが、その場合でも誤った名称にならないようにしなければならないので、基本となる言葉の定義はしっかりと押さえておきましょう！

①休　日

所定休日、**法定休日**などと使ったり、単に「休日」と呼んでいるケースも多いでしょう。休日とは、もともと「**労働義務がない日**」のことで、**会社が自由に期日を定める**ことができます。

労働基準法では、1週間に1日、4週に4日以上の休日を与えなければならないと規定されているため、その法的に最低限与えなければならない休日のことを「法定休日」と呼びます。

休日数が増えると年間の所定労働時間が短くなり、割増賃金を計算する際の単価が上昇します。この点も意識しながら、休日なのか休暇なのかを判断することも必要です。

②休　暇

「休暇」とは、労働者の申し出により「**労働義務がある労働日に労働が免除される日**」のことをいい、**年次有給休暇**が労基法で定められている休暇の1つです。年次有給休暇は、休んでも給与が保証されている休暇のことですが、そのほかに法律で定められている休暇には、**生理休暇**や**看護休暇**、**介護休暇**などがあります。

これらの休暇は、給与が保証されている休暇ではないので、無給

118

の休暇としてもかまいません。ただし、あくまでも最低のルールとして無給でもよい、という定めになっているだけなので、もちろん有給の休暇としてもよいです。

また、**夏期休暇**などが「休日」扱いになっているケースがありますが、休日扱いにしているのであれば、名称も「夏期休日」としてハッキリさせておきましょう。

③**休　業**

「休業」とは、**使用者が自ら労働者の労働日における労働義務を免除する期間**のことをいい、**産前産後休業**や**育児休業**、**介護休業**などがあります。それぞれ法律でその条件が定められているので、その条件を満たす場合には、労働者は休業を取得することができることになります。

④**休　職**

「休職」とは、労働者を就労させることが適切でない場合に、労働契約は存続しつつ**労働義務を一時消滅させる**ことで、使用者が定めたルールに則って実行されるものです。主に、**私傷病休職**などがあります。休職は、法律で定められているわけではないので、休職制度は必ず定めなければならないわけではありません。

**法令で一定の
定めのあるもの**

休　日
所定休日
法定休日
：

休　暇
年次有給休暇
看護休暇
介護休暇
生理休暇
：

休　業
産前産後休業
育児休業
介護休業
：

**法令で定めの
ないもの**

休　職
私傷病休職
出向休職
：

6
章

休日・休暇、休業・休職の取扱いポイント

119

√6-1

休日の設定チェック

- [ ] 就業規則その他これに準ずるものにより、休日に関する規定を定めている

- [ ] 「休日」と「休暇」を明確に区分して規定している

- [ ] 毎週１日以上、または４週間で４日以上の休日を設定している

- [ ] ４週４日の休日とする場合は、４週の起算日を就業規則に明記している

- [ ] 正社員だけでなく、アルバイトなどすべての雇用形態においても休日が規定されている

- [ ] 国民の祝日を休日と規定している場合は年間休日数が毎年変動する可能性があるため、具体的な休日数を毎年確認している

- [ ] 休日は連続した24時間というわけではなく、一暦日単位とし、午前０時から午後12時までの24時間としている

- [ ] ８時間勤務３交替制の場合は、連続24時間を休日（非番）としている

- [ ] 旅館業のフロント係、調理係、仲番および客室係に限っては、原則として正午から翌日の正午までの24時間を含む30時間を休日としている場合は、年間の法定休日のうち２分の１以上は暦日により休日を与えている

📖 必須知識

休日を規定するにあたり、最初に確認しておきたいのは、**休日と休暇の違い**です。

> 休日とは……もともと労働義務がない日
> 休暇とは……労働義務がある日に労働免除された日

労働義務の有無によって取扱いはまったく異なるので、休日とするのか休暇とするのかを、まずはしっかり区別する必要があります。

特に不明確になっているケースとしては、夏休みや年末年始のお休みをどちらの扱いにしているか、という点です。

休暇であれば、たとえ取得できなかったとしても問題はないのですが、休日としていると、その日に出勤したのであれば、**休日労働**となるので、割増手当を支給しなければならないケースも出てきます。就業規則の規定のしかたと運用とが異なるケースも多いので、十分に注意して正しい区分で規定しておきましょう。

▶休日が増えると割増賃金算出における時間単価が変わる！

休日数が変動すると年間所定労働時間数も変わることになり、結果的にそれを使用して計算する割増賃金の**時間単価**も変動することになります。

したがって、休日数を明確にしておかないと、正しい割増賃金を計算するための時間単価を算出することができません。休日数を明確にするためには、国民の祝日を休日にしている会社については、年によって年間休日数が変動するので、注意が必要です。

> 割増賃金の算出における時間単価
>   ＝月額賃金÷年間の月平均の所定労働時間数

> この時間数が小さいほど、
> 割増賃金の単価は高くなる

✓6-2

振替休日と代休の取扱いチェック

☐ 振替休日を活用したい場合は、業務の都合により休日を他の日に振り替えることができる、と就業規則その他これに準ずるものにより規定されている

☐ 休日の振替を行なうときは、あらかじめ休日と定められた日を労働日とする代わりに、他の労働日を休日にすることを事前に決める手続きで行なっている

☐ 振替休日は事前に設定するため、振替休日がたまるという現象は生じていない

☐ 振替休日は、できる限り近接している日を設定することが望ましいので、4週（目安）程度以内で設定している

☐ 振替休日は出勤日よりも前に設定してもよい

☐ 振替休日を決める際には、4週4日の法定休日を確保できる日を指定している

☐ 代休制度を活用したい場合は、代休付与の条件や賃金の取扱いについて就業規則その他これに準ずるものに規定されている

☐ 代休は、休日勤務をした代わりに事後的に付与することができる休日であり、必ず付与しなければならないわけではない、としている

☐ 正社員だけでなく、アルバイトなどすべての雇用形態においても、振替休日と代休について規定している（必要であれば）

📖 必須知識

振替休日と代休を混同して運用している会社が意外と多いのですが、本当は取扱いがかなり異なります。

じつは、運用だけの問題ではなく、賃金の取扱いに関することも異なるので、振替休日のつもりで運用していても正しい手続きをしていないため結果的には代休の扱いとなり、休日割増手当分が未払いとなっているケースが散見されます。

	振替休日	代休
要件	事前変更 ●事前に振替日を特定 ●4週以内の日を特定する ●就業規則等で規定していること	事後付与 ●休日労働した代償として他の労働日を休日にする ●就業規則等で付与条件・賃金の取扱いについて規定していること
休日割増賃金	不要 ただし、週40時間超の場合は時間外割増分は必要	必要 休日割増分として、35％分は必要（法定休日の場合）
休日の単位	振替休日も原則として暦日1日単位	代休付与義務はないため、半日単位でも可

振替休日
休日 → 労働日　事前変更

代休
休日 → 休日労働　労働日 → 休日　事後変更

なお、賃金支払い期間をまたいで振替休日や代休を特定する場合は、未払い賃金が発生しないように、必ず該当月に賃金を支払う運用をする必要があります。

✓6-3

年次有給休暇の設定チェック

☐ 就業規則その他これに準ずるものにより、年次有給休暇に関する規定を定めている

☐ パート・アルバイトなど週の所定労働日数が４日以下の労働者に適用する就業規則には、年次有給休暇の比例付与日数が規定されている

☐ ８割の出勤率を算定するにあたり、次の期間は出勤した日とみなしている
　①業務上災害休業日　　②育児・介護休業日
　③産前産後休業日　　④看護・介護休暇日
　⑤年次有給休暇日

☐ ８割の出勤率を算定するにあたり、次の期間は全労働日からも出勤したとみなす日からも除外している
　①使用者帰責休業日　　②休日　　③休職期間
　④裁判員休暇日　　⑤代替休暇日　　⑥ストライキ日

☐ 当年に付与した有給休暇の未消化分は翌年に繰り越している（時効２年）

☐ 雇用形態が変更となった場合も、引き続き雇用している場合は勤続年数を通算している

☐ 年次有給休暇を付与する日（基準日）の労働条件（所定労働日数）に応じて付与日数を算定している

☐ 年次有給休暇を取得したことによる賃金の減額や不利益な取扱いをしていない

☐ 年次有給休暇の付与日を入社日起算とせず、基準日を統一して一斉に付与している場合は、法律で定められている付与日数を繰り上げて付与している

☐ 事業主の時季指定権(1-5項参照)について就業規則に定めている

📖 必須知識

　年次有給休暇については、「雇入れ日から6か月継続勤務し、全労働日の8割以上出勤した労働者に対して10労働日の有給休暇を与えなければならない」と労働基準法に定められています。

　つまり年次有給休暇は、一定基準を満たせば法律上当然に権利を取得し、使用者はこれを与える義務を負うことになります。

　ただし、労働者が時季指定した後に、使用者は事業の正常な運営を妨げる場合に限りその時季を変更することができるという「**時季変更権**」が認められています。

　年次有給休暇の付与日数は、次のようになっています。

【一般労働者の場合】

雇入れの日から起算した勤続期間	付与される休暇の日数
6か月	10労働日
1年6か月	11労働日
2年6か月	12労働日
3年6か月	14労働日
4年6か月	16労働日
5年6か月	18労働日
6年6か月以上	20労働日

【週所定労働時間が30時間未満の場合】

週所定労働日数	1年間の所定労働日数	雇入れ日から起算した継続勤務期間						
		0.5年	1.5年	2.5年	3.5年	4.5年	5.5年	6.5年以上
4日	169日〜216日	7日	8日	9日	10日	12日	13日	15日
3日	121日〜168日	5日	6日	6日	8日	9日	10日	11日
2日	73日〜120日	3日	4日	4日	5日	6日	6日	7日
1日	48日〜72日	1日	2日	2日	2日	3日	3日	3日

√6-4
年次有給休暇の計画的付与の運用チェック

☐ 就業規則その他これに準ずるものにより、年次有給休暇の計画的付与について定めている

☐ 事業場の労働者の過半数で組織する労働組合があるときはその労働組合、ないときは労働者の過半数代表者との書面協定により年次有給休暇を計画的に付与する定めを締結している

☐ 計画的付与の方法として、次のいずれかの方式が取られている
  ①事業場で一斉付与　　②班別などの交替制による付与
  ③付与計画表による個人別付与

☐ 労使協定では次の事項について定めている
  ①対象者
  ②具体的な付与日もしくは計画表の作成により決定する場合は計画表の作成時期および手続き方法
  ③有効期間

☐ 年次有給休暇の日数のうち5日を超える部分についてのみを計画的付与の対象としている

☐ 計画的付与の日に年次有給休暇の残日数がない場合の取扱いについて決めている

POINT

　年次有給休暇のない新入社員も計画的付与の対象者となっている場合の対応方法もあらかじめ定めておきます。具体的には、特別の有給休暇を与えてもよいですし、そもそも付与日数が少ない人は計画的付与の対象としないという方法もあります。ただし、他の従業員と同じように強制的に休ませることになると、最低でも休業手当（平均賃金の6割以上）の支給が必要となります。

必須知識

　労働者が自由に使用できる**年次有給休暇**は5日分で、それを超える休暇については計画的付与の対象にできるという制度が**計画的付与**です。この制度の導入効果としては、あらかじめ計画して付与することによって、**確実に有給休暇を消化できる**こと以外にも、**業務計画が立てやすくなる**ということも考えられます。

　また、労働基準法の改正で**年5日以上の年次有給休暇の消化が義務**づけられましたが（2019年4月施行）、それを確実に取得してもらうためにも、この計画的付与制度が多く活用されるようになりました。

　計画的付与制度を導入するためには、労使協定の締結が必要となりますが、付与する方法は次の3つの方式から選択します。

①一斉付与方式

　全労働者に対して、同一の日を決めて計画的付与をする方法です。創立記念日などの記念日でもいいですし、飛び石連休をつなげるなどという設定方法もあります。

②交替制付与方式

　部門別や班別など交替で付与する方式です。サービス業など会社全体で一斉に休むことができない業種で導入しやすく、順番に休暇を取得する方法です。

③個人別付与方式

　従業員が個人別に計画を立てて休暇を決める方法です。完全に自由に設定する方法のほか、誕生日などのアニバーサリー休暇や家族の誕生日に取得できる休暇など、さまざまな工夫をすることも可能です。

√6-5
年休権の消滅・買上げに関するチェック

□ 年次有給休暇の時効は2年（以上）としている

□ 一斉付与の運用をしている場合、入社後6か月経過後に付与した最初の年次有給休暇も2年間の時効を守って消滅している

□ 新規付与分から消化する運用をしている場合は、就業規則などで定めている

□ 従業員の合意があったとしても、年次有給休暇の買上げを予約することや、請求された日に与えないことはしていない

□ 年次有給休暇の買上げが可能な場合は、以下のときに限っている
　①法定以上に付与している年休
　②退職時に残余となる年休

📖 必須知識

　年次有給休暇は、労働者の心身の疲労を回復させ、ゆとりある生活の実現を図るために、会社休日のほかに毎年一定の日数の休暇を有給で保障する制度です。

　つまり、身体を休めることが元々の趣旨なので、休暇を与える代わりに買い上げることは、法の趣旨に反することになります。

　したがって、法定以上に付与している日、または退職により消化することができない日については、買い上げたとしても、違法にはならないという考え方になります。

▶退職時に年休をまとめて取得することを拒否できるか？

　年次有給休暇は原則として、いつでも本人が希望する日に取得することができるものの、なかなか取得することができず退職する際にまとめて消化したいという申請が出てくるケースがあります。

　会社としては、それを拒否することはできませんが、本人との話し合いのうえ**退職時の残余年休を買い上げることは可能**です。それにより、退職日を前倒しにする話し合いをすること自体は問題ありませんが、結果的に会社都合退職と判断される可能性があるため、その点は十分に気をつけておきたいポイントです。

　また、退職時に有給休暇を買い上げることがルール化してしまうことで、結果的に年次有給休暇の取得率の低下につながることがないようにしなければなりません。

▶消滅タイミングに要注意！

　年次有給休暇を一斉付与で運用している場合、入社後最初に付与する日が一斉付与のタイミングではないケースが多いです。

　手続き上、年休の付与と消滅を同時に処理すると、前倒しで消滅させてしまうことがあるので要注意です。

√6-6

パート・契約社員の年休付与に関するチェック

□ 契約社員など雇用形態が異なっていても、週所定労働時間が30時間以上であれば、正社員と同様に継続して6か月勤務後に10日の年次有給休暇を付与している

□ 雇用形態にかかわらず、週所定労働時間が30時間未満で週の所定労働日数が4日以下もしくは年間所定労働日数が216日以下の場合でも、その労働日数の割合に応じて比例的に年次有給休暇を付与している

□ 短時間労働者の年次有給休暇分の給与は、1日の所定労働時間分もしくは平均賃金もしくは標準報酬日額相当額を支給している（標準報酬日額とする場合は労使協定の締結が必要）

□ 年休の付与日数は、付与する基準日時点の労働契約の所定労働日数により決定している

□ 付与する基準日以降に退職することが決まっていても、付与日数を減少させるようなことはしていない

□ 勤続期間を算出する際には、あくまでも在籍期間で考えて、契約更新があった場合も前後の期間が実質的に継続していれば、継続勤務期間としてカウントしている

□ 年休を年10日以上付与されている場合は、正社員等と同様に年5日以上の消化が必要と認識している

必須知識

　パートや契約社員など、正社員以外の雇用形態であっても、労働契約で週の所定労働時間が30時間以上であれば、正社員と同様の取扱いとなります。

　週の所定労働時間が30時間未満で、週の所定労働日数が4日以下もしくは年間所定労働日数が216日以下の場合は、その所定労働日数に応じて比例付与することになります。週所定労働時間が30時間未満の場合の年休の付与日数については、125ページの下表を参照してください。

　なお、実際に付与する日数は、あくまでも付与日が発生する**基準日**の労働契約で、所定労働時間・所定労働日数がどのような条件となっているかで決定します。

　基準日を経過した後の年度の途中でパートから正社員になるなどの雇用形態が変更になったり、その逆のパターンであっても、一度付与された日数が追加・削減されるようなことはありません。

　たとえば、パートとして入社し、3か月後に正社員に登用された場合の年休取得の取扱いは下図のようになります。

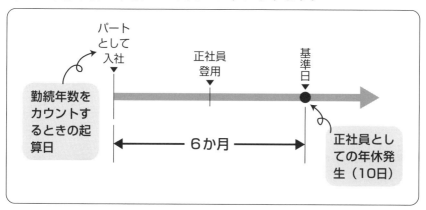

√6-7

半日年休と時間単位年休の運用チェック

☐ 半日単位の年次有給休暇を認める場合は、就業規則その他これに準ずるものにより規定している

☐ 午前の半日年休と午後の半日年休の時間について、具体的に就業規則その他これに準ずるものにより定めている（午前と午後で同じ時間数でなくても問題ない）

☐ 時間単位の年次有給休暇制度を導入するためには、事業場の労働者の過半数で組織する労働組合があるときはその労働組合、ないときは労働者の過半数代表者との間で労使協定を締結している

☐ 労使協定では次の事項について定めている
　　①労働者の範囲
　　②時間単位で与えることができる有給休暇の日数（5日以内）
　　③時間単位で付与できる1日の時間数
　　④1時間以外の時間を単位とする場合の時間数

☐ 労使協定であらかじめ時間単位年休を取得することができない時間を定めたり、所定労働時間の途中に取得することを制限したり、取得することができる時間数を制限したりしていない

132

📖 必須知識

年次有給休暇は、心身の疲労回復のためのものなので、**原則は1労働日単位で付与**することになっています。したがって、半日単位や時間単位で年次有給休暇を付与する義務は会社にはありません。

しかし、年次有給休暇の取得を促進させるための施策の一つとしても考えられ、就業規則に定めることで運用できる**半日単位**については**比較的導入しやすい**と考えられます。

一方、時間単位の年次有給休暇は、労使協定が必要というだけではなく、勤怠管理が煩雑になりますし、所定労働時間の途中に取得することを制限できないなど、勤務秩序などの面からの課題も多いため、導入する場合は十分に検討することが必要です。

また、時間単位で取得した年休は、年5日以上消化しなければいけない年休にはカウントできません（半日単位の年休はカウント可能）。

▶遅刻を半日年休や時間単位年休へ振り替えてもよい？

当日の朝寝坊による遅刻を、半日年休や時間単位の年休に振り替えることを認めると、勤怠管理のうえでは規律が守られなくなってしまいます。

あくまでも年次有給休暇は、**事前申請**により取得できるものであるため、当日に請求した場合は「事後申請」になるという運用を徹底したほうがよいでしょう。

ただし、事後申請となるときは、会社が承諾することにより「年休への振替を認める」という取扱いにするなどの運用上の工夫も必要となってきます。

√6-8
年休以外のいろいろな休暇の取扱いチェック

☐ 法的に付与しなければならない休暇として、年次有給休暇、産前産後休業、生理休暇、看護休暇、介護休暇を必ず付与している

☐ 産前産後休業と生理休暇は給与を支給しない（無給の）休暇として取り扱っている

☐ 生理休暇は、労働者が半日または時間単位で請求した場合には、その範囲内で認めている

☐ 看護休暇、介護休暇は半日単位で取得できるように規定している

☐ 慶弔休暇や災害休暇、リフレッシュ休暇など会社が自由に定めることができる休暇（会社休暇）については、就業規則等で定めていて有給か無給かも規定している

☐ 育児休業、介護休業についての定めがある

☐ 育児休業、介護休業の取得期間中は年次有給休暇を消化することはない

☐ 会社休暇については、会社の承認を得ることにより休暇が成立する取扱いとしている（年次有給休暇などの法定休暇は承認を必要としない）

📖 必須知識

「○○休暇」という名称で、いろいろな休暇を就業規則に定めていても、法律で付与義務がある**法定休暇**と、会社が任意に設定できる**会社休暇**とでは取扱いが異なります。

法定休暇については、必ず付与しなければならないというだけではなく、付与や運用に制限があるのでその点には注意が必要です（年次有給休暇については125ページを参照）。

法定休暇であっても、年次有給休暇以外は有給の休暇でなければならない、という制限はないので、産前産後休業や生理休暇などは無給の休暇とすることで問題はありません。

生理休暇を有給とする場合は、有給での取得日数の上限を決めて運用しているケースもあります。

一方、会社が任意で設定する会社休暇については、法的には制限がないため、付与する日数や給与支給の有無、付与するための運用ルールなども自由に定めることができます。ただし、就業規則等であらかじめ明確なルールを決めておく必要があります。

▶会社休暇のルールとして決めておくべき事項

①休暇申請ルール

「3日前までに指定の方法により所属長に承認申請すること」などのルールを具体的に定めます。年次有給休暇を取得する場合は、会社の承認は必要としませんが、会社休暇については、承認制にすることも可能です。

②日数の定義

たとえば、「結婚休暇5日」などと複数の日数を定めた場合、その期間に会社休日を含むのかどうかが明確になっていないと誤解を生じることがあります。休暇の期間を2日以上とする場合は、会社休日を含むかどうかをあらかじめ決めておきます。

✓6-9

法的に与えなければならない
休業チェック

☐ 女性労働者が請求した場合は、出産予定日よりも42日前（多胎妊娠の場合は98日前）を産前休業として認めている

☐ 女性労働者が出産したときは、産後56日までは産後休業として就業させていない

☐ 産後42日を経過した女性労働者が請求した場合は、医師が支障ないと認めた業務に就かせることを認めている

☐ 生後満1歳に達しない子を育てる女性労働者が1日2回、それぞれ30分の育児時間を請求することを認めている

☐ 女性労働者が生理日の就業が著しく困難で休暇を請求した場合は、就業させないことを認めている

☐ 労働者が労働時間中に選挙権や被選挙権、裁判員などの公民としての権利を行使するために必要な時間を請求した場合は、それを認めている

☐ 会社の都合で休業とする場合は、平均賃金の6割～全額の休業手当を支給している

☐ 育児休業・介護休業規程を作成し運用している（8章参照）

136

📖 必須知識

　出産のための休業（産前産後休業）のほか、**育児時間、生理日、公民権の行使**など、もともとは労働義務がある日であっても、労働できない特別な理由がある場合には、会社は認めなければならないという制度があります。

　なお、産前産後休業、育児時間、生理休暇、公民権行使の時間のいずれについても、給与については無給でもよいとされています。もちろん、有給としてもよいわけですが、ノーワークノーペイが給与支給の原則なので、無給とするほうが、その時間に実際に働いている人とのバランスを考えるとしっくりきます。

　ちなみに大企業などでは、生理休暇や裁判員に選任された場合の公民権の行使としての時間など、上限となる日数を決めて有給とするケースもあります。

▶休業手当については必ず就業規則で規定する

　労働基準法第26条に定められている、使用者（会社）の責めに帰すべき事由により休業する場合に支給しなければならない**休業手当**は、**平均賃金の６割以上**とされていますが、実際には平均賃金の６割さえ支払っていればよいというわけではありません。したがって、もし６割としたい場合は、就業規則であらためて規定しておく必要があります。

　ちなみに、休日、休暇、休業と似たような名称がありますが、それぞれの意味は下表のように異なりますので、名称のつけ間違いや運用の誤りには気をつけましょう。

休　日	労働義務がない日
休　暇	労働者の権利により労働義務が免除される日
休　業	労働義務がある日に労働者の事由により労働ができない場合で、使用者が労働義務を免除する日

√6-10

休職に関する基本ルール チェック

□ 休職は労働者の当然の権利ではないので、休職発令をするかどうかを会社の裁量で決定する場合は、「命ずることがある」という規定にしている

□ 休職規定には法定制限がないため、会社で十分にルールを検討し、現実的な内容としている

□ 有期契約社員に休職規定を定めている場合は、契約期間満了までの休職としている

□ 休職事由は、私傷病のほかには実際に可能性がある出向などのほか、「必要に応じて会社が認めた場合」という事由も含めている

□ 休職事由の種類に「公職」や「起訴」がある場合は、現実的に運用が可能かどうかを検討している

□ 休職期間満了時に復職できない場合は、解雇ではなく「退職」としている

POINT

休職について、どのようなルールにして規定化するかは、会社がそれぞれ決めることができるため、上記チェック項目はすべてが必須事項ではありません。必要に応じて判断してください。

📖 必須知識

　休職とは、労働者に労務の提供ができない事由が発生したときに、会社が労働契約は継続しつつ、労働免除・労働禁止する制度をいいます。

　本来であれば、労働契約は労務提供があり、賃金の支払いをすることにより成立することになるので、労務を提供できないのであれば労働契約は終了となるわけですが、**一定期間について契約終了とはしない猶予期間を設ける制度**ともいえます。

　この休職については、法的な規制はないので、就業規則等の規定内容をどのようにするかということは、会社が任意に決めることができます。

　会社が任意に決めることができるということは、会社は想定できる範囲のことを確実にルール化しておく必要があります。特に、最近はメンタルヘルス不調が原因で、労務の提供ができなくなる人が増えたこともあり、従前の規定では想定していないケースが多く出てきています。そこで、きめ細やかに実態を想定しながら規定化していくようにします。

　たとえば、休職期間中でも本人には社会保険料の負担がある（会社も負担しなければならない）ので、どの程度の期間なら負担可能なのかという点も考慮すべき事項の一つです。

　休職事由の種類として、私傷病や出向の場合のほか、公職や起訴などが規定されていることがありますが、「会社が特に認めたとき」に該当させることで休職を発令することも可能なので、現実的な運用が想定しづらい事由は除いておくほうが安心です。

　また、休職期間満了時に復職できない場合に、「退職」ではなく「解雇」としてしまうと、解雇制限、解雇予告の問題を考慮しなければなりませんし、解雇権濫用法理も適用されることになります。したがって、休職期間満了時は「**自然退職**」と規定しておきます。

✓6-11

私傷病休職に関する規定チェック

☐ 復職の見込みのある従業員が休職の対象である、という原則を規定している

☐ 私傷病休職を命ずる場合の条件として定めた欠勤期間が現実的な期間になっている（長すぎない）

☐ 再度、休職とする場合は、期間を通算することを想定して規定している

☐ 必ずしも欠勤期間が継続していない場合であっても、労務の提供が不完全な場合は、休職を命ずることができるように規定している

☐ 休職に際しては、医師等の診断書の提出を求めるだけではなく、会社の指定する医療機関で受診することを求めることがあると規定している

☐ 休職期間中は治療・療養に専念することを明確にしている

📖 必須知識

　私傷病を事由にした休職は、あくまでも一定期間、労務の提供ができない場合の制度であり、**復職の見込みがあることが前提**であるという原則を明確に規定しておきます。

　休職辞令を発令するまでにはどの程度の期間が必要なのか、また休職期間自体はどの程度まで取得することが可能なのか、など具体的に決めるべき事項が多いです。

　特に、最近多くなっているメンタルヘルス不調の従業員の場合は、連続して欠勤するのではなく、不定期にポツポツと休むこともあり、休職となる要件を「継続した1か月の欠勤」などとしている場合は、休職要件を満たすことができず休職を発令できないことが考えられます。したがって、労務の提供が不完全である場合も、休職発令ができるように規定しておくことも一案です。

　たとえば、欠勤が継続していなくても、継続して勤務ができず、来るか来ないかわからないという状態が続くと、仕事を任せることができないだけではなく、まわりの従業員がその人の仕事をカバーしなければならなくなり、負担が大変大きいです。

　そうなると、結果的に、欠勤する本人の問題だけではなく、職場全体の問題へと発展してしまうため、しっかり治療して休んでもらうことができるような規定にしておくことには意味があります。

　また、休職願を提出して休職していても、適応障害などであれば、会社には行けないが私生活では元気に過ごせるため、休職しているにも関わらず旅行には出かけられるなどと主張されることがあります。

　しかし、あくまでも休職は、労務の提供ができないために一定期間**解雇を猶予している**制度に過ぎないわけですから、私傷病の治療に専念することを求める規定にしておくことも必要です。

√6-12
休職期間と休職期間中の取扱いに関する規定チェック

☐ 休職期間は、現実的に運用に無理がない期間を規定している

☐ 休職期間の長さは、勤続年数や休職事由によっても異なる期間を設定している（設定することができる）

☐ 休職期間中も労働契約は消滅していないので、社員として服務規律などを守る必要があることを意識づけしている

☐ 休職期間中に会社が要求する場合は、病状の報告を行なわなければならないことを規定している

☐ 休職期間中に本人が負担する社会保険料などがある場合は、毎月振り込んでもらうようにしている

必須知識

　休職期間の長さは、会社の規模や人員体制に応じて決めます。

　たとえば、大企業は長期間の雇用保障が前提とされており、会社としても体力があるので、それなりの休職期間を設定できますが、中小企業も同じ期間を設定する必要はなく、現実的に可能な休職期間を設定しても問題はありません。

　また、勤続年数に応じて異なる休職期間を規定することも可能です。休職制度自体が、労務提供ができない期間に解雇を猶予する制度なので、勤続年数が長く、長期間にわたり会社に貢献してくれた従業員に対しては休職期間を長くするという考え方は問題ありません。逆に、試用期間中や勤続1年未満の従業員は、休職制度の対象外とするという考え方もあるでしょう。

　休職期間中も会社との労働契約自体は消滅していないので、定期的に病状などを報告するルールを規定化することも可能です。具体的に「1か月に1回は連絡すること」などと報告する期間や回数、連絡方法などを明確にしておくと、労使とも安心です。

　なお、産前産後休業や育児休業の場合は、その期間の社会保険料の負担は発生しないので、保険料徴収の問題はありませんが、私傷病休職の場合は、その期間も社会保険料を負担してもらう必要があるので、可能な限り毎月、請求書を発行して振り込んでもらうようにします。

　復職してから休業期間中の社会保険料をまとめて請求するルールにしておくと、突然退職してしまって徴収できないケースや休職期間が長期間なため復職時に負担額が大きくなってしまうことにより、一度で徴収できないケースがあるからです。

√6-13

繰り返される休職の対策チェック

☐ 休職前の欠勤期間の算定については、連続欠勤だけではなく、連続していなくても通算して算定することも考慮に入れている

☐ 同一または類似傷病の場合の休職では、休職期間を通算する規定としている

☐ 復職後に労務の提供が不完全な場合は、再度、休職を命ずることが可能な規定としている（休職期間が残っている場合に限る）

☐ 同一または類似傷病の場合は、2回目の休職は認めていない（在職期間中の私傷病休職は1回のみとしている）というルールも可能にしている

☐ 復職後、一定期間の継続勤務をしていない限り、私傷病休職を認めないとしている

必須知識

　メンタルヘルス不調により私傷病休職する従業員の場合に多く発生するのが、欠勤や休職が繰り返されるということです。

　一度、復職して通常勤務していても、数か月で再発してしまうということが多くあります。メンタルヘルス不調の特徴として、必ずしも同一の傷病名でないケースも多いため、同一傷病だけではなく類似傷病も含めて1回の休職事由として、休職期間も通算する規定にしておくことは必須です。

　また、通算の対象とする期間を1か月としている（復職後1か月以内に再度、休職する場合は休職期間を通算する）規定がありますが、メンタルヘルス不調の場合は、3～6か月程度経ってから再発することも多いため、最低でも3か月、可能であれば6か月以内は通算の対象とする期間と定めることにより、通算の効果が出ます。

　身体の疾患では発生することが少ない再発を繰り返すという特徴を踏まえて、休職期間を通算する規定を追加しておきましょう。

　なお、再発を繰り返す従業員に対して、いつまでも解雇猶予制度としての休職を適用するわけにはいかない、という観点から、同一傷病または類似傷病の2回目の休職を認めないというルールを規定化しておくほか、一定期間の継続勤務をしない限りは別の事由であっても2回目の私傷病休職は認めないというルールを規定化することも考えられます。

√6-14

休職後の復職に関する規定チェック

□ 復職の申し出には診断書の提出を求めるだけではなく、必要に応じて会社の指定する医療機関で受診することを求めることがあると規定している

□ 復職時には、必要に応じて主治医との面談を実現することへの協力を義務づけるように規定している

□ 復職後の職務は、休職前と同じであることを原則としつつ、職務、役職、役割の変更があることを規定している

□ メンタルヘルス不調対象者の復職の可否を判断するためにリハビリ勤務制度を導入する場合は、休職期間内の扱いとするかどうかを明確にしている

必須知識

　私傷病休職の場合の**復職**基準や復職の手続きについては、ルール化していないとトラブルの原因となるため、きちんと規定化しておくことは大変重要です。たとえば、「休職事由が消滅したと会社が判断した場合に復職できる」と規定していても、では何をもって消滅したといえるのか、本当に治癒したのか、という判断は、特に精神疾患の場合では非常に微妙です。

　したがって、具体的に治癒の定義を決めておくことも考えられます。たとえば、「治癒とは、休職前の業務を従前と同様に業務遂行できる程度に回復していること」などと明確にしておきます。

　なお、復職の可否を判断する際に、会社が指定する医療機関で受診してもらうことにすると、同一の基準で判断することが可能になるため、その可能性を含めて規定しておきます。

　さらに、主治医の診断書だけでは判断が難しい場合も考慮して、確実な判断をするために主治医との面談を実施する方法もあります。そこで、就業規則等で面談実現への協力をあらかじめ義務づけておくことも検討しておきましょう。

▶リハビリ勤務制度の活用

　「リハビリ勤務制度」は、法的に義務づけられているものではないため、会社の裁量で決めることができます。職場復帰の判断を目的として、職場に試験的に一定期間、継続して出勤する制度としてリハビリ勤務制度を導入することが考えられます。

【リハビリ勤務制度のメリット】
- 復職への不安もやわらぎ、復帰がスムーズ
- 復職の判断材料が増える

【リハビリ勤務制度のデメリット】
- リハビリ勤務自体がストレスになり、再発する可能性がある
- 同じ部門の社員に受入れの教育が必要
- ほかの社員が不公平感を感じる可能性がある

フレックスタイム制でも、半日有休や時間単位有休は必要？

　フレックスタイム制は、労働者に始業時刻と終業時刻の決定を委ねる制度なので、半日有休は不要ではないかとも考えられますが、導入している会社は多いです。

　最近、より働きやすい環境を整備することをめざして、半日単位だけではなく時間単位の有休を導入する会社も増えました。

　特にフレックスタイム制を実施している事業場で、半日単位、時間単位の有休を導入する際によく検討しておくべきことは、有休申請における運用ルールです。

　1日単位の年次有給休暇は「事前申請」を徹底しているにもかかわらず、半日単位、時間単位の有休については、当日や後日の申請を認めていることが多くあります。

　もちろん、突発的な対応をしても社内で問題にならなければよいのですが、本人だけの問題ではなく、まわりの人への影響も考慮して、原則として「有休の当日申請はNG」とすることも一つの考え方です。

　1人で仕事をしているわけではないので、いつも計画的に仕事を進めることを意識づけすることは重要です。

　また、フレックスタイム制の清算単位期間中の実労働時間が所定労働時間に満たない場合に、事後になってから半日単位や時間単位の有休申請を認めるのかということについても、同様に運用ルールを明確にしておくことがよいでしょう。

7章

社内ルールに関する対応ポイント

ルールを確実に決めておくことがトラブル対策になります。

イントロ チェックを始める前に…

人事権の行使も服務規律も一定のルールが必要

◎人事権を行使する際のルール

　日本の雇用システムの大きな特徴は、「長期雇用慣行」と「年功的処遇」といえますが、そのような環境下で多くの正社員は、職務を限定した労働契約を結んでいないという特徴があります。

　職務や勤務形態を限定した労働契約ではないからこそ、日本では、人事の決定権は会社側にあると考えられています。

　しかし、たとえ会社が人事権を有するとはいえ、その人事権を行使するにあたり**一定のルールは必要**です。

　そこでこの章では、いわゆる人事権行使に関係する取扱いについてまとめています。

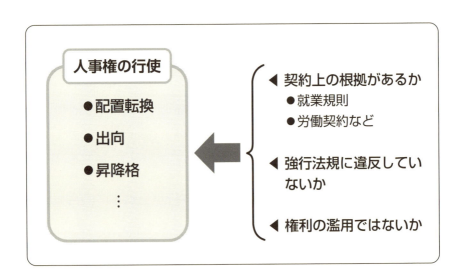

◎服務規律にもルールが必要

　会社が労働者を雇用し、円滑に組織化していくためには、守るべきルールとして「**服務規律**」を定めることが一般的です。

　これは、会社内の秩序を守るためには必要なものであると考えられ、労働者がこの企業秩序違反行為を行なったときは、会社は懲戒処分を課すことが可能となります。

　そこで会社は、下図のような服務規律の内容を整備しつつ、この服務規律に違反する社員には、きめ細やかに対応していかなければなりません。

┌─**【服務規律の内容】**──────────────┐

- 職場への入退場に関する規律

- 遅刻・早退・欠勤・休暇に関する手続き

- 服装に関する規定

- 職務専念に関する規定

- 指示・命令に対する服従義務

- 職場秩序の保持

- 企業財産の管理・保全のための規律

- 従業員としての地位・身分に関する規律

- ハラスメント対策に関する規定

　　　　　　　　　:

└──────────────────────────┘

√7-1

人事異動・辞令に関するチェック

□ 配置転換、転勤および出向を命ずることがあることを、就業規則その他これに準ずるものにより規定している

□ 会社（使用者）は労働者に対し、業務運営上必要な配置転換や転勤などを命令している

□ パートタイマーや契約社員など、採用時に業務や勤務地などの限定契約を締結している労働者に異動の辞令を出すときは、契約の範囲内としている

□ 配転命令には、他の不当な動機や目的はない

□ 配転命令により、労働者が受ける不利益は通常甘受すべき程度である

□ 病気の家族や介護が必要な労働者に対しては一定の配慮をしている

152

📖 必須知識

　会社が正社員を雇用する際には、長期的な雇用を原則としているため、職種や職務内容、勤務地を限定した労働契約ではなく、社内の組織のなかで必要なポジションに**配置転換**（配転）が行なわれることを前提にしています。

　したがって、業務限定や勤務地限定の契約を締結している労働者を除いて、労働者の職務内容や勤務地を決定する権利は会社にあるとされています。そして、この人事権について就業規則などで規定することにより、配置転換命令等の根拠となります。

　しかし、どのような配置転換でも会社の人事権の行使となり得るかというと、そうではありません。あくまでも、その配転等が業務上必要なことであり、他に不当な目的がないこと、またそれにより労働者が受ける不利益が通常甘受すべき程度であることなどに配慮しなければならない、という制限があるのです。

　また、人事権の濫用（らんよう）とならないために、配転命令の業務上の必要性や人選の合理性と比較して、その命令により労働者の職業上・生活上に受ける不利益の程度が不釣合いにならないようにすることがポイントです。

　具体的には、たとえば病気の家族を抱えていてその介護や世話をしている労働者への配慮のほか、育児・介護休業法で子の養育または家族の介護状況について使用者側に配慮義務が課せられていることから、これらも踏まえて丁寧な配慮をすることが求められます。

　配転命令は、あくまでも労働力の適正配置、業務運営の円滑化、業務効率の向上などが目的であり、労働者の能力開発へとつながるように合理的な目的をもって実施するようにします。

√7-2

出向と転籍の取扱いチェック

出 向

□ 出向先企業との間で、労働者を受け入れることに関する出向契約を締結している

□ 在籍出向とする場合は、出向元企業における従業員としての地位は保持したままとしている

□ 日常の業務遂行の指揮命令権は出向先にあり、出向先の労働時間、休日、休暇などの勤務形態に準じて出向先の就業規則が適用されている

□ 出向先の労働条件（特に労働時間や休日）が異なる場合は、賃金での補てんや代替休暇の付与などで対応している

□ 労働者を子会社や関連会社等の取締役として出向させる場合は、出向元との労働契約と出向先との委任関係が併存するため、取締役としての役割を説明し自覚を促している

転 籍

□ 転籍にあたっては、自社との労働契約を終了させて、新たに転籍先企業と労働契約を締結している

□ 転籍は、労働者本人の同意を得ている

□ 転籍先企業と結ぶ労働契約条件のうち、転籍前の自社から引き継ぐ事項（勤続年数や有給休暇など）を具体的に取り決めて、本人にも説明している

📖 必須知識

出向とは、出向元との雇用を継続したまま別の企業である出向先の業務に従事することをいいます。一方、転籍は雇用されている会社との労働契約を終了させて転籍先企業に籍を移して、その会社の業務に従事する人事異動です。つまり転籍は、労働契約を結ぶ会社が変わることになるので、労働者本人の同意が必要となります。

出向と転籍で大きく異なる点は、現在雇用されている会社との労働契約が継続するか否かという点であり、形式の問題ではなく、運用実態で判断されます。

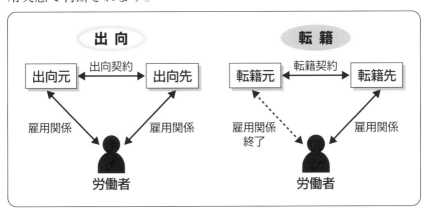

▶出向者・転籍者の社会保険と労働保険の取扱い

転籍者は、雇用されていた会社との労働契約が終了することになるので、社会保険も労災保険、雇用保険もすべて転籍先での適用となります。

出向者については、労災保険は実際に労務を提供している出向先での適用となりますが、雇用保険と社会保険については賃金を支払う会社で加入します。したがって、**在籍出向**の場合の雇用保険と社会保険は出向元での加入となるケースが多いです。

なお、出向先と出向元の両方から給与が支給されている場合は、それぞれの報酬を合算して保険料を算出することになります。

√7-3

昇進・昇格・降格の取扱いチェック

□ 昇進・昇格は、原則として会社の裁量的判断で決定する事項で
　あるが、国籍・社会的身分・信条・性別による差別的取扱いを
　していない

□ 昇進・昇格において、通常の労働者と同視すべき短時間労働者
　に対する差別をしていない

□ 昇進・昇格において、労働組合員であることや労働組合の正当
　な行為をしたことを理由とした差別をしていない

□ 降格により賃金を引き下げる場合は、就業規則等で降格規定が
　定められている

□ 職能資格制度を導入して会社において資格や等級を引き下げる
　場合は、就業規則等で資格や等級を見直すことにより引き下げ
　ることがあることを規定している

□ 人事評価の結果として、降格や資格・等級の引下げを行なう場
　合は、その根拠となる評価結果を記録している

📖 必須知識

昇進・昇格・降格は、会社が組織を運営していくうえで必要な判断を要することであり、会社の裁量的判断に委ねられる事項と考えられます。

人事制度として、等級制度や評価制度で一定の判断基準を設計して運用していくことを決めた場合は、それらを規定化する必要があります。

昇進・昇格・昇給を行なう場合は、会社で定めた基準により決定することが原則で、法的制約はありませんが、不利益な取扱いが禁止されている点は気をつけておく必要があります。禁止されているのは、以下にあげるような事項で昇進等に差別的な取扱いを行なうことです。

①**国籍、社会的身分、信条**（労働基準法）
②**性別**（男女雇用機会均等法）
③**通常の労働者と同視すべき短時間労働者**
　（パートタイム・有期雇用労働法）
④**労働組合員であること**（労働組合法）

なお、役職や職位を引き下げる降格については、①業務上の必要性、②労働者の帰責性、③労働者の受ける不利益を考慮する必要があり、特に、降格の程度については慎重に判断しなければなりません。

降格には、昇進とは逆の職位の降格のほかに、賃金体系上の格下げや、懲戒処分としての降格もあります。懲戒処分としての降格については、その懲戒処分の有効性が問われるので、就業規則の懲戒事由に該当しているか、処分する相当性はあるのか、という点に注意して判断することが求められます。

√7-4
海外赴任と海外出張の取扱いチェック

- ☐ 海外に事業所があり赴任することがある場合は、海外赴任に関する労働条件について就業規則（海外赴任規程）で定めている
- ☐ 特に、海外の事業所ができる前に入社した従業員に対しては、海外赴任規程の内容について十分に説明している
- ☐ 海外赴任をする人のために、労災保険の海外派遣者特別加入制度に加入手続きをしている
- ☐ 海外赴任の辞令を発令するときは、あらかじめ一定期間前に従業員に内示して詳細な労働条件について十分に説明している
- ☐ 海外法人への出向を命ずる場合は、現地法人の人事制度・労働条件が適用されることになるため、個別同意を得ている
- ☐ 労働者を6か月以上、海外派遣（赴任）する場合は、医師による健康診断を行なっている（労基署への報告義務はなし）
- ☐ 6か月以上の海外派遣（赴任）していた従業員が帰国し、国内の業務に従事するときは医師による健康診断を行なっている（労基署への報告義務はなし）
- ☐ 国内の事業所に所属し、国内の使用者の指揮・命令に従って海外勤務する場合は海外出張としている
- ☐ 所得税法上の非居住者になるかどうかを確認している
- ☐ 赴任先の国が租税条約を締結しているかどうかを確認し、滞在者免除となる適用要件も確認している

📖 必須知識

　海外に事業所や現地法人があり、その事業場の使用者の指揮に従って勤務することを**海外赴任**あるいは**海外派遣**などと呼びます（海外派遣という用語は、労働者災害補償保険法の第三種特別加入制度で使用されています）。

　一方、あくまでも国内の事業場に所属し、その事業場の使用者の指揮に従って勤務することを**海外出張**といいます。

　つまり、労働者がどこの事業場に所属しているのか、どの事業場の指揮・命令を受けているのか、という点が、海外赴任か海外出張かの判断ポイントとなります。

　特に海外赴任の場合は、現地の国の法律の適用を受けるという意味で属地主義が原則なので、国内で勤務していたときからどのように労働条件が変更となるのか、事前に十分に説明し、新たな労働条件を明示しておくことが大切です。

　具体的な労働条件を決めるときには、現地の所得税や社会保険がどのようになっているのかを確認し、著しく不利益にならないようにルールづくりをしておきます。

　また、直接的に支払う給与の問題だけではなく、現地生活をサポートすることも必要となり、住宅や子供の学校の問題なども検討する必要があります。対象者が単身赴任か家族帯同かによっても会社が準備する範囲は大きく変わります。

　そのほか健康管理の面では、会社は、海外に6か月以上赴任する人、また赴任していた人が帰国したときには、健康診断を実施します。特に、海外赴任する場合は、必要な予防接種も忘れずに実施します。

√7-5
服務規律に含めておきたい項目チェック

労働者の就業のしかたや職場でのあり方についてルール化しているか

□ 始業時刻・終業時刻の考え方

□ 出勤・残業の手続き（出退勤の記録、事前の許可申請）

□ 遅刻・早退・欠勤・休暇の手続き

□ 外出・面会の規制と手続き

□ 服装・身だしなみのルール

□ 職務専念義務

□ 上司の指示命令への服従義務

□ 職場の秩序保持ルール

□ 安全・衛生の維持ルール（自己保健義務）

□ 風紀の維持ルール

□ 職場の整理整頓ルール

会社の財産の管理や保全のためにルール化しているか

□ 会社の財産や設備、物品の管理・保全ルール

□ 会社の施設の利用制限ルール

労働者としての地位や身分に関する規律についてルール化しているか

□ 会社の名誉毀損となるような行動をしないルール
　（ＳＮＳ等への投稿ルールなど）

□ 副業・兼業に関する規制ルール

□ 秘密保持義務に関するルール

📖 必須知識

　従業員の**行動規範**を就業規則で定めているのが**服務規律**です。

　会社という組織を運営するためには、ルールが必要です。経営者が常識の範囲だと認識していても、従業員にとっては常識ではないため守れないということが多くあり、それがトラブルの原因になりかねないので、想いや考えは規定化します。

　具体的に行動規範となる服務規律を明文化することになるわけですが、考え方としては、「してほしい行動」と「してはいけない行動」をルール化するというイメージです。あたり前のことであっても、会社として重要なルールであれば、必ず服務規律として明文化していきます。

　労働者は、労働契約の締結により労働義務を負うだけではなく、企業秩序の遵守義務も負うことになりますが、あくまでも会社側が**企業の存立・運営に不可欠な秩序を維持するためのルール**に限られます。つまり、企業運営上の目的があり、合理的な内容である必要があるので、その点には注意が必要です。

　特に最近は、**情報管理に関するルールづくり**をより丁寧に実施しておかなければならなくなりました。たとえば、貸与しているパソコンや携帯端末等の使用規定だけではなく、個人的なSNSなどで会社や顧客の情報の漏えいにつながる行動の禁止などまで検討して規定しておきます。

　また、厚生労働省は、平成30年（2018年）1月に副業・兼業について、現行の法令のもとでどのような事項に留意すべきかがまとめられたガイドライン（「副業・兼業の促進に関するガイドライン」）を出していますので、参考にしてください。

√7-6

出勤不良時の対策チェック

☐ 服務規律で、遅刻、早退、欠勤をしてはならないことを規定している

☐ 遅刻、早退、欠勤はやむを得ない事由による場合に限り可能とし、事前許可を受けることを前提としている

☐ 緊急でやむを得ず事前許可を受けることができない場合は、事後に、速やかに承認を得なければならないことを規定している

☐ 事前許可、事後許可という会社の承認ステップなしで、欠勤を有給休暇に振り替えることは認めないこととしている

☐ 傷病による欠勤については、継続した日数に関係なく、医師等の診断書の提出を求めることができる規定にしている

☐ 勤務時間中は会社の指示命令に従い、業務に専念しなければならないと就業規則等に規定し、現場でも日々指導している

☐ 遅刻、早退、欠勤の時間相当分を賃金控除している

☐ 休暇申請手続きのルールを明確にし、徹底している

必須知識

　就業規則の服務規律の条項では、きわめて基本的な事項ではありますが、**誠実に労務を提供する義務がある**ことを明確にしておきます。

　労働者には、労務提供の義務があり、「欠勤する権利」はありませんが、体調不良などの理由があれば遅刻や欠勤をする権利があるのだという意識をもっている労働者もいます。

　また、遅刻・早退や欠勤を有給休暇に振り替えることを自動的に行なう運用をしている会社があります。しかし、遅刻・早退、欠勤を当日に申請している場合は、事前申請になっていないわけですから、自動的に振り替えることは避け、振り替える場合には、承認するステップを規定として明文化し、運用していきます。

　このように、勤怠管理を会社側が確実に行なうことにより、指導もできるようになります。

　出勤不良の労働者は、労務提供が不完全ということになり、**ノーワーク・ノーペイの原則**から賃金をカットすることができます。

　遅刻・早退、欠勤をしたとしても、賃金カットはせずに人事考課の結果として賞与の額などに反映させる方法もありますが、確実な労務提供をしている労働者とのバランスの問題もあるので、実際に労務提供をしていない時間分については、賃金カットをするほうが明確な運用方法といえます。

　また、欠勤期間が長期間になる場合は、医師等の診断書の提出を求めるルールを定めているケースが多いですが、労使の信頼関係が成り立たない状態の場合は、たとえ1日の欠勤であっても診断書の提出を求める必要がでてくることもあるので、就業規則等ではあえて診断書提出の欠勤日数を決めないで規定しておくのも一案です。

√7-7

能力不足社員の対策チェック

□ 能力不足の対象となる従業員に対して、個別に注意や指導を行なっている

□ 注意や指導をする際には、具体的に改善すべき事項と目標（可能な限り数値目標）を設定して、その従業員と共有している

□ 対象となる従業員に対して行なった注意や指導について記録をしている

□ 設定した目標は実現可能な範囲内のものとしている

□ 目標を達成するための具体的な指導とともに支援もしていることを従業員本人に伝えている

□ 能力不足により解雇もしくは退職勧奨を検討する場合であっても、その前に担当業務の変更などの配置換えも検討し、従業員と話し合いをしている

必須知識

　トラブルメーカーというわけでもなく、勤務態度が悪いわけでもないけれど、成果を出せない**ローパフォーマー社員**がいます。

　このような社員に対して、どのような対処が必要かというと、まずは指導をしっかりするということです。経営者や上司から見ると仕事ができないと感じていても、実は社員本人にはまったく問題意識がないというケースが多いのです。つまり、何も指導していないのでその社員はわかっていないだけ、という状態です。

　このような場合には、まず、何ができていないのか、求められている役割は何なのか、ということをきちんと理解してもらうことから始めなければなりません。まずは、しっかりと指導することで能力不足社員の改善をめざします。

　しかし、残念ながら指導をしても仕事の結果を出せず、他の社員への影響も出てくるような場合には、理論上では「能力不足による普通解雇」が可能と考えられますが、実際には、解雇は簡単には認められません。

　したがって、教育・指導したことの記録を積み重ねるだけではなく、業務分担の変更などの配置転換を試みるなど、その社員に対して再チャレンジのチャンスを与えることが大切です。

　結果的に、指導を重ねていくうちに、社員本人から退職願が提出されるケースもありますが、そのような展開にならない場合で、労働契約の継続が難しいと考える場合は、解雇するのではなく、その前に**退職勧奨**を行なって打診するというステップを踏むことができます。

　労務トラブルを防ぐためには、労働者から退職願が提出されないとしても、具体的に労働契約の継続が難しい事由を十分に説明して、合意のうえで労働契約を終了させるという方法も検討したほうがよいでしょう。

✓ 7-8
セクハラ対策として事業主が講ずるべき項目チェック

☐ 職場におけるセクハラの内容、セクハラがあってはならない旨の方針を明確にし、管理監督者を含む労働者に周知・啓発する

☐ セクハラ行為者について、厳正に対処する旨の方針および対処の内容を就業規則等の文書に規定し、管理監督者を含む労働者に周知・啓発する

☐ 相談窓口をあらかじめ定める

☐ 相談窓口の担当者が、内容や状況に応じ適切に対応できるようにする。また、広く相談に対応する

☐ 事実関係を迅速かつ正確に確認する

☐ 事実確認ができた場合には、速やかに被害者に対する配慮の措置を適正に行なう

☐ 再発防止に向けた措置を講ずる

☐ 相談者・行為者等のプライバシーを保護するために必要な措置を講じ、周知する

☐ 相談したこと、事実関係の確認に協力したこと等を理由として不利益な取扱いを行なってはならない旨を定め、労働者に周知・啓発する

📖 必須知識

「**セクハラ**」（セクシャルハラスメント）については、男女雇用機会均等法第11条で、防止措置を講じることが事業主に義務づけられています。

職場におけるセクシャルハラスメントとは、「職場」において行なわれる「労働者」の意に反する「性的な言動」に対する労働者の対応により、労働条件について不利益を受けたり性的な言動により就業環境が害されることをいいます。

「職場」といっても、取引先の事務所や顧客の自宅、出張先や業務で使用する車中なども含まれ、**実際に業務を遂行している場所**はすべて含まれます。

また、宴会なども実質上、職務の延長と考えられる場合は「職場」と判断されることもあります（職務との関連性、参加者、参加の強制力などにより個別に判断されます）。

セクシャルハラスメントの状況は多様であるため、個別の状況により判断すべきではあります。しかし、事業主の防止のための措置義務の対象となることを考慮すると、一定の客観性が必要です。

したがって、「**平均的な女性労働者の感じ方**」「**平均的な男性労働者の感じ方**」を基準とすることが適当とされています。

√7-9

パワハラ対策として
事業主が講ずるべき項目チェック

☐ いじめ・嫌がらせは、どのような場合であっても、職場環境を害する行為となるため、禁止であることを明確にし、トップメッセージや会社方針の明確化、周知・啓発を行なう

☐ 行為者への対策方針・対処内容の就業規則等への規定、周知・啓発も行なう

☐ 相談窓口を設置する

☐ 相談窓口の担当者による適切な相談対応を確保する

☐ パワハラと他のハラスメントとに一体的に対応できる体制を整備する

☐ 発生後の対応として、事実関係の迅速・正確な確認を行なう

☐ 発生後の対応として、被害者に対する配慮のための対応を適正に実施する

☐ 発生後の対応として、行為者に対する対応を適正に実施する

☐ 発生後の対応として、再発防止に向けた対応を実施する

☐ 相談者・行為者等のプライバシーを保護するために必要な対応、周知を行なう

☐ パワハラの相談・事実確認への協力等を理由とした不利益な取扱いの禁止、周知・啓発を行なう

📖 必須知識

　職場における「パワハラ」(パワーハラスメント)を防止するために、雇用管理上必要な措置を講ずることが事業主の義務となります。

　これは、令和元年(2019年)6月5日に公布された労働施策総合推進法の改正によるものですが、施行時期は公布後1年以内の政令で定める日となっています(中小企業は、公布後3年以内の政令で定める日までの期間は努力義務となります)。

　職場のパワーハラスメントとは、同じ職場で働く者に対して、職務上の地位や人間関係などの職場内の優位性を背景に、業務の適正な範囲を超えて、精神的・身体的苦痛を与えるまたは職場環境を悪化させる行為と定義されています。

　つまり、次の3つの要素をすべて満たすものはパワハラと認定されます。

①優位的な関係を背景として
②業務上必要かつ相当な範囲を超えた言動により
③就業環境を害すること(身体的もしくは精神的な苦痛を与えること)

　職場のパワーハラスメントの定義や事業主が講ずべき措置の具体的な内容等については今後、指針で示される予定ですが、雇用管理上の措置の具体的な内容としては、次のようなことがあげられます。
- 事業主によるパワハラ防止の社内方針の明確化と周知・啓発
- 苦情などに対する相談体制の整備
- 被害を受けた労働者へのケアや再発防止　など

✓7-10
マタハラ対策として
事業主が講ずるべき項目チェック

□ 妊娠、出産等、育児休業等に関するハラスメントの内容、ハラスメントがあってはならない旨の方針、制度利用に関する明確化を行ない、管理監督者を含む労働者に周知・啓発する

□ 妊娠、出産等、育児休業等に関するハラスメント行為者について、厳正に対処する旨の方針、対処の内容を就業規則等の文書に規定し、管理監督者を含む労働者に周知・啓発する

□ 相談窓口をあらかじめ定める

□ 相談窓口の担当者が、内容や状況に応じ適切に対応できるようにし、ハラスメントに該当するか否か微妙な場合等であっても広く相談に対応する

□ 事実関係を迅速かつ正確に確認する

□ 事実確認ができた場合には、速やかに被害者に対する配慮措置を適正に行なう

□ 事実確認ができた場合には、行為者に対する措置を適正に行なう

□ 再発防止に向けた措置を講ずる（事実確認できなかった場合も同様）

□ ハラスメントの原因や背景・要素の解決のために、業務体制の整備、労働者の実情に応じて必要な措置を講ずる

□ 相談者・行為者等のプライバシーを保護するために必要な対応、周知を行なう

□ ハラスメントの相談、事実確認への協力等を理由とした不利益な取扱いの禁止、周知・啓発を行なう

📖 必須知識

　いわゆる「マタハラ」（マタニティハラスメント）とは、「**妊娠・出産・育児休業等に関するハラスメント**」のことで、職場において行なわれる上司・同僚からの言動により、妊娠・出産した女性労働者や育児休業等を申し出・取得した男性・女性労働者等の就業環境が害されることをいいます。

　妊娠・出産等に関するハラスメントは、男女雇用機会均等法にもとづくものであり、「事業主が職場における性的言動に起因する問題に関して雇用管理上講ずべき措置についての指針」（平成18年厚生労働省告示第615号）で改正規定されました。

　また、育児・介護休業法にもとづくものについては、「子の養育又は家族の介護を行い、又は行うこととなる労働者の職業生活と家庭生活との両立が図られるようにするために事業主が講ずべき措置に関する指針」（平成21年厚生労働省告示第509号）に定められています。

　左ページのチェックリストのほかに、さらに望ましい取組みとして例示されていることは次の2つです。

☐ その他のハラスメントの相談窓口と一体的に相談窓口を設置し、相談も一元的に受け付ける体制を整備する
☐ ハラスメントの原因や背景・要素の解決のために、制度の利用に関する知識を高め、周知・啓発する

　ライフスタイルの多様化により、子育て期間の助け合いが「お互いさま」ではなくなり、職場では目に見えないストレスが発生していることがあります。

　ハラスメント禁止という規制だけでなく、風通しのよい環境づくりが求められます。

√7-11
ハラスメントの相談に対する 適切な対応チェック

☐ 相談者の話に真摯に耳を傾け、相談者の意向などを的確に把握 する。忍耐強く聞く

☐ 相談者や行為者等に対して、一律に何らかの対応をするのではなく、労働者が受けているハラスメントの性格・態様によって、状況を注意深く見守る程度のものから、上司や同僚を通じ、行為者に対し間接的に注意を促すもの、直接注意を促すものなど、会社としてどのように判断したのか、今後どのように対応していくのかなどを相談者本人にフィードバックする

☐ 職場におけるハラスメントが現実に生じている場合だけではなく、その発生の恐れがある場合や、職場におけるハラスメントに該当するか否か微妙な場合も幅広く相談に応じる

☐ 相談担当者に対する研修を行なう

☐ 相談・苦情を受けた後、問題を放置することにより、問題を悪化させないように、初期段階で迅速に対応する

☐ 相談対応に時間を要する場合は、事前に相談者に必要な時間などを伝える

必須知識

相談窓口の設置から再発防止措置の実施までについて、考えられる流れは下図のとおりです（厚生労働省のパンフレットより）。

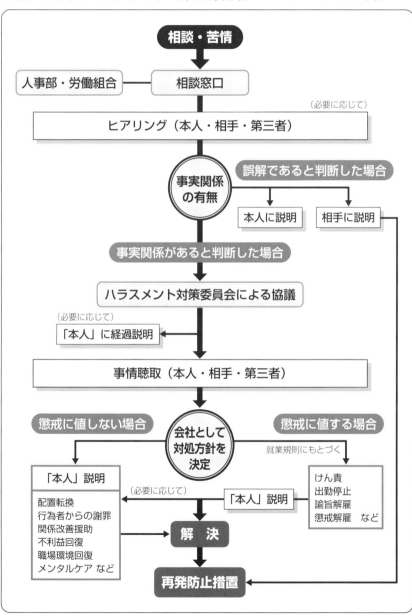

√7-12
相談窓口担当者が言ってはいけない言葉・態度チェック

（厚生労働省のパンフレットによれば、言ってはいけない言葉や態度として以下のようなことが例示されています）

☐ 相談者にも問題があるような発言
- あなたの行動にも問題があったのではないか
- あなたにも隙があったのではないか
- 過剰反応ではないか
- 考えすぎではないか

☐ 不用意な慰め
- あなたが魅力的だから
- あなたが優秀だから

☐ 行為者を一般化するような発言
- 男性はみんなそのようなものだ
- 女性はみんなそのようなものだ

☐ きちんと対応する意思を示さない発言
- また今度何かあったら連絡してください
- 時間が解決してくれます
- そのくらいのことはガマンしたほうがよい
- 彼（彼女）も悪い人ではないから大げさにしないほうがよい

☐ 相談者の意向を退け、担当者の個人的見解を押し付ける発言
- 上司に謝罪させたりしたら、職場にいづらくなるのではないか

174

📖 必須知識

　ハラスメントに関する**相談窓口**については、労働者が相談しやすい窓口をあらかじめ定め、できるだけ初期段階で**気軽に相談できるしくみ**をつくることが大切です。

　面談だけでなく、電話やメールなどの複数の手段によって受け付けることができるようにする工夫も必要でしょう。

　安心して相談できる窓口として、その環境を知らせておくことも重要です。

　面談する部屋は、プライバシーを確保できていることや、その相談内容の秘密は守られること、不利益な取扱いを受けることがないこと、相談体制を含めて全体の流れが把握できることなどの情報を開示しておきます。

　また、相談担当者は**男女ともに含めた複数の人**を選任するほうがよいです。

√7-13

情報管理のルールに関するチェック

□ 従業員が遵守すべき秘密保持の対象を会社が定めている

□ 秘密情報について目的外利用を禁止し、業務遂行以外の目的により利用、複製、持ち出しなど行なうことを禁止している

□ 書類や情報の保管に関する基本ルールを定め、第三者への開示も含めて禁止している

□ 在職中だけではなく、退職後も不正に情報開示や使用することがないように規定している

□ 秘密保持に関する規定を作成し、従業員本人には誓約書を提出させることにより周知徹底している

□ 従業員が業務遂行に関連して創出した成果物や知的財産的権利を有するものについての権利は、会社に帰属していることを規定している

📖 必須知識

　労働契約上の労働者の義務の一つである「**秘密保持**」義務の対象となる範囲については、具体的に法的な規定がされているわけではないため、会社が秘密保持規程などで**企業秘密**の範囲を定めることになります。

　企業秘密とされる範囲は、営業上の情報のほか、人事・労務管理上の不祥事関連の情報などが考えられますが、公開されていないその**企業の業務に影響があるすべての情報**ととらえてもいいでしょう。

　それらの情報管理の運用ルールを会社が決める必要があると同時に、従業員に対してはルールの周知だけではなく、牽制する意味でも**誓約書**の提出により徹底することが考えられます。

　情報管理のルールについては、規程があったとしても、実態として会社側が管理する運用ルールを守っていなければ、従業員側もルールを守ることはできません。したがって規程をつくる際には、管理する運用ルールをしっかりと守り、継続していくことが求められます。

√7-14

健康診断に関するチェック

☐ 労働者の安全衛生に関して、会社の指示に従うことを明確にし、定期健康診断の受診義務があることを明示している

☐ 就業規則等で、労働者自らに自己保健義務があることを明示している

☐ 常時使用する労働者に対して、雇入れ時の健康診断を実施している

☐ 常時使用する労働者に対して、1年に1回は定期健康診断を実施し、未受診者には受診するようにフォローしている

☐ 定期健康診断で再検査とされた労働者に対して、再検査の受診をするようにフォローしている

☐ 有害業務である特定業務従事者に対しては、配置換えの際と6か月に1回は特殊健康診断を実施している

☐ 常時労働者が50人以上の事業場は、1年に1回、ストレスチェックを実施している

☐ 海外に6か月以上、赴任（派遣）する労働者に対しては、赴任前と帰国後に健康診断を実施している

☐ 事業に付属する食堂または炊事場における給食の業務に従事する労働者を対象に、雇入れ時と配置換えの際に健康診断を実施している

☐ 常時50人以上の労働者を使用する事業場（場所単位）は、「定期健康診断結果報告書」を所轄の労働基準監督署へ届け出ている

必須知識

　労働契約における労働者の義務の一つである「**自己保健**」義務とは、労働者の健康管理義務は労働者自身にあるという意味です。

　具体的には、労働者には**健康診断**の受診が義務づけられていますし、自身の健康診断結果や保健指導を受けて健康の保持に努めなければなりません。また、会社が講ずる措置を利用した、健康保持推進義務もあります。

　そして会社には、従業員の健康と安全に対する管理責任があり、正社員だけではなくすべての従業員に対して管理をしなければなりません。また、安全管理については、人事労務の担当部門だけが対処するだけではなく、現場マネジメントのなかで、実態に合った対応ができるようにしておくことが大切です。

　なお、会社は、「常時使用する労働者」に対して健康診断をしなければなりませんが、その健診の種類は次のとおりです。

①雇入れ時
②１年以内ごとに１回実施する定期健康診断
③特定業務従事者の健康診断
　　労働安全衛生規則第13条で定められた一定の有害業務に常時従事する労働者に対しては、有害業務への配置換えの際と６か月以内ごとに１回、健康診断を実施しなければなりません。この有害業務には深夜業も含まれる点に注意が必要です。
④海外派遣労働者の健康診断
⑤給食従事者の検便

　また、平成27年（2015年）12月１日から始まった**ストレスチェック**は、労働者のメンタル不調を未然に防止し、ストレスの原因となる職場環境の改善につなげることが制度の目的です。

　会社には、労働者全員にストレスチェックを受ける機会を提供する義務がありますが、労働者には受診の義務はなく、またストレスチェックの結果を労働者の同意なしに会社が受け取ることもできません。

√7-15

就業禁止の取扱いチェック

☐ 労働安全衛生法で規定された次の病者の就業を禁止している
　①病毒伝ぱのおそれのある伝染性の疾病にかかった者
　②心臓、腎臓、肺等の疾病で、労働のため病勢が著しく増悪す
　　るおそれのあるものにかかった者
　③前各号に準ずる疾病で厚生労働大臣が定めるものにかかった
　　者

☐ 感染症法で定められた疾病にかかった者を就業禁止としている
　（感染症法＝感染症の予防及び感染症の患者に対する医療に関す
　る法律）

☐ 医師および国等の公の機関から外出禁止、外出自粛の要請があ
　った場合は、就業を禁止することがあることを規定している

☐ 就業禁止期間は、無給としている

📖 必須知識

　労働安全衛生法第68条の「**病者の就業禁止**」には、就業禁止にしなければならないケースが規定されています（前ページのチェック項目の①～③参照）。

　では、**インフルエンザ**についてはどうなるのか、というと、季節性インフルエンザは、労働安全衛生法でも感染病予防法でも予防措置がとられることはなく、労働安全衛生法の就業禁止は適用されないことになります。

　つまり、インフルエンザについては、就業制限の措置の対象とはなっていないことから、会社でどのように定めておくかということがポイントになります。

　実際には、インフルエンザにかかった場合は、心身ともに健康な状態で労務提供するのはできないことになるので、会社がその労務提供の受領を拒否することは可能となります。

　また、同居している家族が罹患もしくは罹患の疑いがある場合に就業禁止とすることは現実的ではなく、自宅待機の要請程度の対応が考えられます。実際の運用では、年次有給休暇を取得するように指導することで、無給ではない方法を選択してもらうことがスムーズな運用につながるといえるでしょう。

組織再編による労働契約の承継について

　いま、企業のM＆Aが増加傾向にあるのを背景に、企業の合併や事業譲渡などが多くなりました。それぞれのケースで労働契約の承継について確認しておきましょう。

【合　併】

　合併における権利義務の承継の性質は、いわゆる**包括承継**となり、労働契約の内容である労働条件もそのまま維持されます。

　しかし多くの場合は、合併を契機に両社の労働条件は統一されるほか、合併前の労使紛争問題や未払い残業代などの問題も解決した後に、合併となる流れが望ましいです。

　実務においては、結果的に合併後に労働条件が変更となるため、労働条件変更の個別同意が必要です。

【事業譲渡】

　事業譲渡は、会社法における定義はありませんが、単なる事業財産や単体の権利義務関係の譲渡ではなく、組織化された有機的一体として機能する財産の譲渡とされていて、承継内容も当事者間で決めることになります。

　事業譲渡の場合は、労働条件が維持されたまま継承ということにはならず、新たに労働条件を定めて労働契約を締結することになります。もちろん、譲渡先の労働条件に不満があれば、新たな労働条件に同意しないことも可能です。

　事業譲渡には根拠法はありませんが、厚労省が指針を策定していますので、参考にしてください。

＜事業譲渡又は合併を行うに当たって会社等が留意すべき事項に関する指針＞（平成28年厚生労働省告示第318号）
https://www.mhlw.go.jp/stf/seisakunitsuite/bunya/0000136056.html

8章

産前産後休業・育児休業・介護休業の運用ポイント

労働法の規定をしっかりと理解しておきましょう。

イントロ チェックを始める前に…

妊娠してからの
労働法・社会保険の取扱いは？

妊婦の軽易業務への転換

妊産婦の危険有害業務の就業制限 女性の健康管理に必要な措置

請求した場合は、
- 時間外・休日・深夜労働の制限
- 変形労働時間の制限

育 児 時 間

産前休業	産後休業	育児休業

妊娠判明

産前6週

出産日（予定日）

産後8週

出 産 手 当 金

育児休業給付金

妊娠が判明してから、産前休業、出産、産後休業、育児休業などの一連の流れと、節目に応じた労働法や社会保険の取扱い、手続きをまとめてみると、下図のようになります。

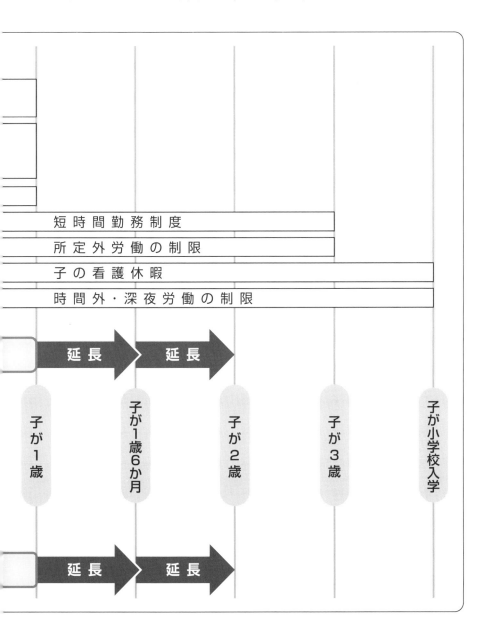

✓8-1

産前産後から育児休業までの
手続きチェック

□ 出産予定日を基準として産前42日（多胎妊娠の場合は98日）、
実際の出産日を基準として産後56日を産前産後休業期間とし、
その期間に労働者から産前産後休業取得の申し出があった場合
は無給の休業期間としている（有給でもよい）

□ 産前42日（多胎妊娠の場合は98日）と産後56日の産前産後休
業期間のうち、労務に従事していない期間は、「産前産後休業取
得者申出書」を日本年金機構（健保組合等）に提出して社会保
険料免除の手続きをしている

□ 産前産後休業期間中に労務を提供しておらず、給与の支払いも
受けなかった場合は出産手当金の請求手続きをしている

□ 社員本人または社員の被扶養者が出産するときは、出産予定の
医療機関に事前に出産育児一時金の直接支払制度が利用できる
か確認している（直接支払制度を利用できない場合は、出産育
児一時金の申請手続きが必要）

□ 育児休業の取得を会社に申し出て、日本年金機構（健保組合等）
に「育児休業等取得者申出書」を提出している

□ 育児休業期間中に雇用保険の育児休業給付金の支給申請をして
いる

□ 産前産後休業期間が予定していた日と異なった場合は「産前産
後休業取得者変更（終了）届」を、育児休業期間が予定してい
た日よりも前に終了した場合は「育児休業等取得者終了届」を
日本年金機構（健保組合等）に提出している（予定どおりの場
合は不要）

□ 産前産後休業から、もしくは育児休業から復帰する際には社会
保険料改定の手続きをしている

□ 養育期間特例の申し出手続きをしている

必須知識

　産前産後から育児休業、そして復帰までの期間は長く、多くの手続きが必要となります。どのタイミングで何の手続きがあるのかを、しっかりと確認しておきましょう。

▶社会保険料の免除手続きを忘れずに！

　産前産後休業期間中に、実際に産前42日（多胎妊娠の場合は98日）と産後56日の期間に妊娠・出産を理由として労務に従事しなかった期間については、**社会保険料を免除**してもらえるので、年金事務所に申し出を行ないます。

　保険料免除の期間は、産前産後休業開始月から終了予定日の翌日の月の前月（産前産後休業終了日が月の末日の場合は産前産後休業終了月）までです。この期間は、将来の年金を計算する際には保険料を納めた期間として扱われます。

　一方、育児休業により社会保険料が免除となる期間は、育児休業等開始月から終了予定日の翌日の月の前月（育児休業終了日が月の末日の場合は育児休業終了月）までで、産前産後休業の場合と同じく、将来の年金を計算する際には保険料を納めた期間として扱われます。

　ただし、あくまでも育児休業法にもとづく育児休業期間に限るので、保険料が免除となるのは最長でも子が２歳に達するまでの期間となります。

√8-2
育児休業の対象者と関連規定チェック

育児休業の対象者

☐ 育児休業が取得できる労働者は男女を問わず、雇用形態に関係なく、原則として１歳に満たない子を養育する者としている（一部、労使協定で除外することが可能）

☐ 入社１年以上で、子が１歳に達する日（誕生日の前日）を超えて引き続き雇用されることが見込まれる従業員（期間雇用者）も育児休業の取得を可能としている

☐ 父母ともに育児休業を取得した場合は、子が１歳２か月まで延長可能としている

☐ １歳６か月まで育児休業の延長ができるのは、保育園に入所希望をしているが入所できない場合か、子の養育を行なっている配偶者で１歳以降養育する予定であった者が死亡、負傷、疾病等の事情により子を養育することが困難になった場合としている

☐ ２歳までの延長は、１歳６か月以後に上記と同様の事由により保育園に入所できない場合としている

育児休業の関連規定

☐ ３歳までの子を養育する従業員に対して短時間勤務制度（１日６時間）を設けている

☐ ３歳までの子を養育する従業員から請求があれば、所定労働時間を超えて労働させることはないという制度を設けている

☐ 小学校就学の始期に達するまでの子を養育している従業員から請求があれば、時間外労働・深夜労働の制限をつけることを可能としている（制限としては、時間外労働は月24時間、１年150時間まで、深夜労働はゼロとする）

□ 子の看護休暇を小学校就学前の子が1人であれば年5日、2人以上であれば年10日付与している（無給でよい）

必須知識

育児休業は、休業を希望する者（日雇労働者を除く）であって、1歳に満たない子を養育している場合は、原則として取得が可能です。ただし、期間雇用者の場合は、次の2点のいずれにも該当する場合に限って取得が可能となります。
① 入社1年以上であること
② 子が1歳6か月に達する日までの間にその労働契約が満了し更新されないことが明らかなこと

また、期間雇用者でなくても次の要件のいずれかにあてはまる場合は、労使協定を締結することにより、育児休業を取得可能な対象者から除外することができます。
① 入社1年未満であること
② 申し出の日から1年以内（1歳6か月または2歳までの休業の申し出の場合は6か月以内）に雇用関係が終了することが明らかな者
③ 1週間の所定労働日数が2日以下の者

なお、育児休業以外にも、短時間勤務や看護休暇などの制度についても規定しておくことが必要となります。

✓8-3

介護休業の手続きチェック

☐ 要介護状態にある家族を介護することを希望する従業員の申し出により、介護を必要とする家族1人につき、要介護状態ごとに延べ93日間の無給の休業期間を取得することを可能としている（有給でもよい）

☐ 介護休業を希望する従業員は、原則として、休業開始希望日の2週間前までに、介護休業申出書を会社に提出して申し出るものとしている

☐ 介護休業には、育児休業とは異なり社会保険料の免除制度がないので、休業期間中も本人から社会保険料の自己負担分を振り込んでもらうために請求書を作成し送付している

☐ 介護休業を取得する従業員が、介護休業開始日前2年間に雇用保険の賃金支払基礎日数が11日以上ある月が12か月以上ある場合には、雇用保険の介護休業給付金の申請手続きをしている

📖 必須知識

介護休業は、育児休業とは異なり、介護が必要となる時期があらかじめわかるものではないため、従業員が突然、取得を希望してくることが多い、というのが一つの特徴です。

育児休業に比べて、必要な事務手続きは少ないですが、ひととおり必要な手続きを確認しておくことが大切です。

また、育児休業とは異なり、介護休業には社会保険料の免除制度がないので、休業期間中の保険料を従業員から振り込んでもらうための手続きが発生するので忘れないようにします。

なお、社会保険料の免除制度がないこともあり、日本年金機構（健保組合）への届出手続きなどはありません。

▶介護休業給付金が受給できる

育児休業と同様に、雇用保険の継続給付の一つとして**介護休業給付金**があります。

これは、介護休業期間に1か月あたりの賃金の8割以上が支払われないことが条件で、受給できるものです。実際に支給される金額は、賃金日額の40%相当額となります。

√8-4
介護休業の対象者と関連規定 チェック

介護休業の対象者

- □ 要介護状態にある家族を介護する従業員が申し出た場合、一定の条件を満たせば、介護休業の取得を可能としている
- □ 入社1年以上で、介護休業を開始しようとする日から93日を経過する日を超えて雇用関係が継続することが見込まれる期間雇用者についても介護休業の取得を可能としている
- □ 要介護状態にある家族とは、負傷、疾病または身体上もしくは精神上の障害により、2週間以上の期間にわたり、常時介護を必要とする状態にある次の者を対象としている
  ①配偶者　　②父母　　③子　　④配偶者の父母
  ⑤祖父母、兄弟姉妹または孫

介護休業の関連規定

- □ 要介護状態にある家族を介護する従業員に対して短時間勤務制度（1日6時間）を設けている（3年で2回まで）
- □ 要介護状態にある家族を介護する従業員から請求があれば、所定労働時間を超えて労働させないほか、時間外労働は1か月24時間まで、1年150時間を超えてさせることはないとしている
- □ 要介護状態にある家族を介護する従業員から請求があれば、深夜労働をさせないとしている
- □ 介護のための短期の休暇制度として介護休暇を設定し、要介護状態の対象家族が1人であれば年5日、2人以上であれば年10日付与している（無給でよい）

📖 必須知識

　介護休業は、要介護状態にある家族を介護する労働者（日雇労働者を除く）からの申し出により、介護を必要とする家族1人につき、要介護状態ごとに1回、延べ93日間（3回を上限に分割取得可能）までの期間の休業を与える制度です。ただし、期間雇用者の場合であっても、次の3点のいずれにも該当する場合は介護休業の取得が可能となります。

① 入社1年以上であること
② 介護休業しようとする日から93日を経過する日を超えて雇用関係が継続することが見込まれること
③ 93日経過日から1年を経過する日までに労働契約が満了し、更新されないことが明らかなこと

　また、期間雇用者でなくても、次の要件のいずれかにあてはまる場合は、労使協定を締結することにより、介護休業の取得可能な対象者から除外することができます。

① 入社1年未満であること
② 申し出の日から93日以内に雇用関係が終了することが明らかな者
③ 1週間の所定労働日数が2日以下の者

　なお、育児休業の場合と同じように、介護休業についても短時間勤務や介護休暇などの制度の規定化が必要となります。

育児休業にまつわる確認事項

　育児休業の取得者が増えただけではなく、転職後に産休・育休を取得するケースも増えたため、注意すべき事項が増えたと感じています。

　産休も育休も本人の申請により取得可能なものですが、育休期間中に雇用保険から育児休業給付金が給付されるのかどうかという点は大きなポイントなので、事前に要件をよく確認しておきましょう。

【産前産後休業】

　産前産後休業の取得要件はないので、たとえ入社間もない従業員であっても取得可能です。また、産前産後休業期間中に支給される出産手当金についても受給要件は特にないので、注意事項はありません。

【育児休業】

　育児休業については、入社後1年未満の従業員は、会社が従業員代表との労使協定を締結することにより取得対象外とすることができるため、会社によって入社1年未満の従業員は育児休業を取得できないケースがあります。

　また、育児休業給付の受給要件は別にあるため、育児休業を取得し、賃金が支払われなくても給付金は受給できないケースもあるので要注意です。

　育児休業給付金の受給資格の基本となる要件は、「育休前の2年間に賃金支払基礎日数が11日以上ある月が12か月以上あること」です。入社間もない人は、前職の期間も通算して月数要件を満たせば問題ありませんが、前職を退職した後に、基本手当（失業給付）の受給資格の決定を受けた場合などは、その期間は除かれるため期間が足りなくなるケースもあり得ます。

さくいん

あ

育児休業	186、189、194
医師の面接指導	32
１年単位の変形労働時間制	55
１か月単位の変形労働時間制	53
１週間単位の非定型的変動労働時間制	
	57
一斉付与方式	127
移動時間	51

か

海外出張	159
海外派遣	159
海外赴任	159
解雇	82、85、89
介護休業	191、193
介護休業給付金	191
解雇権濫用法理	83
解雇制限期間	89
会社休暇	135
合併	182
過半数代表者	113、115
管理監督者	47、49
企画業務型裁量労働制	63
休暇	118、121
休業	119、137

休業手当	137
休日	118、121
休職	119、139
休職期間	143
勤務間インターバル制度	37
継続雇用	98、110
契約社員の年休付与	130
健康情報等の取扱い	35
健康診断	179
合意退職	82、85
降格	157
交替制付与方式	127
高度プロフェッショナル制度	31
個人別付与方式	127

さ

再雇用	110
在籍出向	155
採用費用	80
採用面接	72
３６協定	19、103
３６協定の特別条項	21
産前産後休業	137、186、194
時間外・休日労働に関する協定	18

195

時間単位年休	132
時季指定権	24
時季変更権	125
始業時刻・終業時刻	44
事業場	105
事業場外みなし労働時間制	65
事業譲渡	182
自己都合退職	85
私傷病休職	141、145
辞職	82、85
自然退職	139
就業規則	102、105
就業禁止の取扱い	180
出勤不良時の対策	162
出向	155
出張の取扱い	51
昇格	157
試用期間	79
昇進	157
情報管理	176
処遇	109
辞令	152
人事異動	152
人事権	150
深夜労働	47

ストレスチェック	179

誓約書	77
整理解雇	83、93
セクシャルハラスメント（セクハラ）	
	167
専門業務型裁量労働制	61

た

代休	123
退職	85
退職勧奨	97、165
退職時の年休取得	129

懲戒解雇	83、95

定額残業手当	47
定年	99、111
定年退職	98
転籍	155

同一労働・同一賃金	39
当然退職	82
特殊関係事業主	111

な

内定	75

入社時の提出書類	77
妊娠・出産・育児休業等に関する	
ハラスメント	171

年5日以上の年休	24
年休権の買上げ	128
年休権の消滅	128
年休の前倒し付与	26
年次有給休暇	25、125
年次有給休暇の計画的付与	126
年次有給休暇の設定	124
年次有給休暇の付与日数	125

能力不足社員の対策	164
ノーワーク・ノーペイの原則	163

は

パートの年休付与	130
パートタイム	109
配置転換	153
働き方改革	14、40
働き方改革関連法	40
ハラスメントの相談	172、174
パワーハラスメント（パワハラ）	169
半日年休	132

秘密保持	177

復職	141、147
服務規律	151、161
普通解雇	83、91
振替休日	123
フレックスタイム制	29、53、59、148

変形労働時間制	53

包括承継	182
法定休暇	135
募集から採用までの流れ	69
募集要領	70
本採用拒否	78、91

ま

マタニティハラスメント（マタハラ）	171

みなし労働時間	61
身元保証書	77

メンタルヘルス不調	145

免罰的効果	103

や

雇止め	83、87
有期雇用労働者	109

ら

リハビリ勤務制度	147

労使委員会	31
労使協定	103、113、115
労働協約	103
労働契約	102、106
労働契約の終了	82
労働契約書	102
労働時間制	42
労働時間の上限規制	16
労働時間の適正把握	22
労働時間法制の見直し	14
労働条件の明示方法	116
ロックアウト型退職勧奨	97

197

おわりに

　本書をお読みいただき、ありがとうございます。

　本書は、私自身が労務管理の事象別にチェックリストがあると便利だろうな、と思っていたところからスタートしています。

　運用するために必要な要件や労使協定の有無などもまとめて説明されている資料が少なく、また横断的にトータルチェックすることがしづらいと感じていました。

　本書の初版を発刊した後に、購入してくださった読者の方からお問い合わせをいただき、顧問契約をいただいたことがありました。その方は、会社の労務担当になって慌てて書店で本を探していたときに、本書に出会ったとおっしゃっていました。

「概要を把握することができそう」

「辞書のように必要に応じて調べるときに使いやすそう」

　と感じてくださり、本書を選んでくださったとうかがい、とても嬉しかったことを覚えています。

　初版同様、今回もチェック項目と簡単な必須知識をセットにして、さらに改訂2版ではすべての項目を見開き2ページに完結にまとめることにこだわりました。

　また、働き方改革関連事項をまとめてチェックリスト化し、改正事項等の概要を把握していただけるようになっていますので、活用していただけば嬉しいです。

　最後に、この本を執筆するにあたり、事務所の実務を支えてくれている事務所スタッフたちに大変感謝しています。そして出版にあたり、いつも優しく支援してくださるアニモ出版の編集部および関係各位にこころより御礼申し上げます。

濱田　京子

濱田京子（はまだ　きょうこ）

特定社会保険労務士、エキップ社会保険労務士法人代表社員、
株式会社ゴルフダイジェスト・オンライン社外監査役、東京都紛争調
整委員会あっせん委員。
神戸市生まれ、東京育ち。聖心女子大学卒業後、三井不動産株
式会社入社、人事部に配属される。その後、人事給与のアウトソー
シング会社や人事評価システムを構築するIT企業を経験し、2009
年、濱田京子社労士事務所を開設、2016年、エキップ社会保険労
務士法人へ組織改編。
大企業から中小企業、ベンチャー企業とさまざまな規模の企業で働
いていた経験を活かし、企業の成長ステージに対応した実態に即し
た提案・コンサルティングを得意とする。ビジネス雑誌への執筆、人
事労務関連の講演など幅広く活動している。
著書に、『給与計算の最強チェックリスト』『社会保険・労働保険の
届出・手続き 最強チェックリスト』『最適な労働時間の管理方法が
わかるチェックリスト』（以上、アニモ出版）、『労働時間を適正に削
減する法』（共著・アニモ出版）などがある。

【エキップ社会保険労務士法人】
URL　http://www.k-hamada.com

トラブルを未然に防ぐ！
労務管理の最強チェックリスト【改訂2版】

2014年10月20日　　初版発行
2019年8月10日　　改訂2版発行

著　者　　濱田京子
発行者　　吉溪慎太郎
発行所　　株式会社アニモ出版

　　　　〒162-0832 東京都新宿区岩戸町12 レベッカビル
　　　　TEL 03(5206)8505　FAX 03(6265)0130
　　　　http://www.animo-pub.co.jp/

©K.Hamada 2019　ISBN978-4-89795-228-4
印刷：文昇堂／製本：誠製本　Printed in Japan

落丁・乱丁本は、小社送料負担にてお取り替えいたします。
本書の内容についてのお問い合わせは、書面かFAXにてお願いいたします。

アニモ出版　わかりやすくて・すぐに役立つ実用書

【新訂版】
給与計算の最強チェックリスト

濱田 京子 著　定価 本体1800円（税別）

多くの会社の給与計算業務を大量にこなすアウトソーシング企業のマネージャーとして長年携わってきた著者がやさしく教える究極のノウハウ本。これでミスもモレも解消できる！

最適な労働時間の
　　管理方法がわかるチェックリスト

濱田 京子 著　定価 本体1800円（税別）

あなたの会社の"働き方改革"を実現するために、いますぐ役に立つハンドブック。会社の実態に合った最適の管理方法が見つかり、運用のしかたや留意点がやさしく理解できます。

人事・労務のしごと
　　　いちばん最初に読む本

アイ社会保険労務士法人 著　定価 本体1600円（税別）

労働基準法の基礎知識から定例事務のこなし方まで、人事・労務のしごとに必要な実務のポイントをコンパクトに網羅。働き方改革にも対応した、すぐに役立つ必携ハンドブック！

管理職になるとき
　これだけは知っておきたい労務管理

佐藤 広一 著　定価 本体1800円（税別）

労働法の基礎知識や労働時間のマネジメント、ハラスメント対策から、日常よく発生する困ったケースの解決法まで、図解でやさしく理解できる本。働き方改革も織り込んだ決定版。

定価には消費税が加算されます。定価変更の場合はご了承ください。